Hallo, ic
Ich werde m
richtig schreibe
deine Ergebnisse immer genau mit dem
herausnehmbaren Lösungsteil nach
Seite 46 und achte auf meine Tipps.
Viel Erfolg bei deiner Arbeit!

Nachschlagen

Wenn ich nicht weiß, wie ein Wort geschrieben wird, schlage ich in der Wörterliste oder in einem Wörterbuch nach. Dort stehen die Wörter nach dem **Abc** geordnet.

1 Suche die Wörter für die Bilder in der **Wörterliste** (S. 81–91). Schreibe die Seiten in die Sprechblasen.

Sieh nun im herausnehmbaren Lösungsteil nach Seite 46 unter **1** nach.

2 Schreibe jetzt die Wörter richtig auf deinen Block!

3 Falls nötig, kannst du das Alphabet so üben: Sprich es **laut** und klatsche **gleichmäßig** zu den roten Buchstaben, insgesamt also 14-mal. Steigere das Tempo.

A B C **D** E F **G** **H** I J **K** L M **N** **O** P **Q** R **S** T **U** **V** W **X** Y **Z**

4 Ordne die Wörter nach dem **Abc**. Schreibe auf den Block.

Abend, Quelle, Päckchen, bloß, Krieg, drücken, Ferien, Taxi, Strauß, verletzen, entgegen, glücklich, während

5 Schreibe zu den folgenden Wörtern das **Gegenteil** auf. Suche dieses Wort dann in der Wörterliste (S. 81–91). **Verbessere** es, wenn nötig. Trage auch die **Seite** ein, auf der du es gefunden hast.

Wort	Gegenteil	Seite
sauber	dreckig	82
zuerst		
links		
nass		
dünn		
stumpf		
schwach		
drinnen		

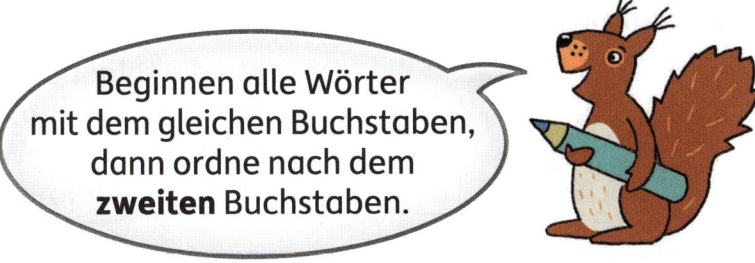

6 Ordne die Wörter in **jeder Spalte** nach dem **Abc**.
Schreibe die Nummern in der richtigen Reihenfolge
in die Kästchen.

☐	Hitze	☐	Fuchs	☐	streiten	☐	Kreuzung
☐	Hunger	☐	frieren	☐	Spiegel	☐	klar
1	Handy	☐	Fichte	☐	Schatten	☐	Kuss
☐	Höhle	☐	fleißig	☐	See	☐	Kompass
☐	heizen	☐	fett	☐	Süßigkeit	☐	kennen

7 In jedem Kasten sind die **ersten zwei** Buchstaben gleich.
Also musst du nach dem **dritten** ordnen. Schreibe jeweils
die drei Wörter in der richtigen Reihenfolge auf.

Fluss	☐	trocken	☐
fliegen	☐	treu	☐
Fleiß	☐	Träne	☐
Stück	☐	Mittag	☐
Stadt	☐	mixen	☐
Stoff	☐	Miete	☐

Abschreibtraining

Beachte die folgenden **sechs Schritte**, und du kannst auch Gruppen aus zwei oder drei Wörtern fehlerfrei abschreiben.

An dem Beispiel „der kühle Fluss" erkläre ich dir die 6 Schritte.

1. Schau dir die Wortgruppe genau an.	der kühle Fluss
2. Gibt es schwierige Stellen? Markiere sie.	der k**üh**le Flu**ss**
3. Schließe die Augen und stelle dir die Wortgruppe vor.	der k**üh**le Flu**ss** (gedacht)
4. Öffne die Augen und überprüfe, ob du dir die Wörter richtig vorgestellt hast.	der k**üh**le Flu**ss**
5. Decke die Wortgruppe zu und schreibe sie auswendig auf.	
6. Decke auf und vergleiche genau. Verbessere Fehler.	der k**üh**le Flu**ss**

8 Teile den Satz mit zwei Strichen in **drei** Wortgruppen ein.

Auf der Straße fand mein Vater eine braune Geldbörse.

9 Präge dir die **erste** Wortgruppe mit Hilfe der **6 Schritte** ein.
Beim 5. Schritt deckst du die linke Spalte zu
und schreibst die Wortgruppe auf.

▶ Übe jede weitere Wortgruppe auf diese Weise.

Plötzlich blitzte es

und ein Unwetter

zog schnell heran.

Viele verließen

hastig den Strand.

Nachdenkwörter

Bei vielen Wörtern musst du gut nachdenken, damit du sie richtig schreibst.

Wörter mit St/st und Sp/sp

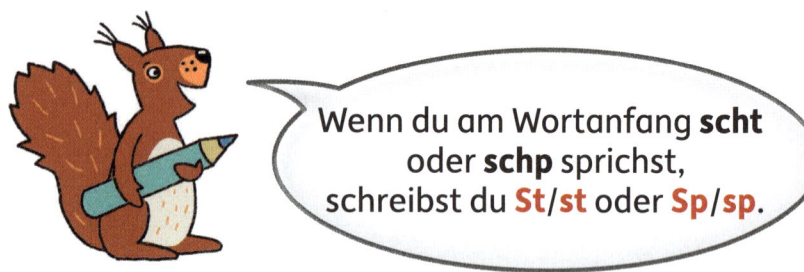

Wenn du am Wortanfang **scht** oder **schp** sprichst, schreibst du **St**/**st** oder **Sp**/**sp**.

10 Ordne die Wörter nach dem **Abc**. Schreibe auf den Block. Hake Wörter, die du aufgeschrieben hast, ab.

streiten, Stift, Spaten, strömen, Stuhl, Straße, Spiegel, stimmen, steigen, sparen

11 Setze die Wörter aus Aufgabe **10** passend ein. Schreibe Nomen in die **linke** Spalte, Verben in die **rechte**.

Geschwister	**str**		schreiben
	graben	Geld	
	zerbrechen	Fluss	
Drachen		Rechnung	
	sitzen		fahren

Wörter mit Qu/qu

12 Setze Reimwörter mit **Qu** (sprich **kw**) passend ein.

Im Wald, da weiß ich eine schöne Stelle,

dort sprudelt eine klare _____ .

Dass Mücken stechen, ist normal.

Trotzdem sind diese Biester eine _____ !

13 Jedes Wort enthält **Qu** oder **qu**. Das Lösungswort bezeichnet etwas, was bei Feuer entsteht.

1 Milchprodukt – 2 Tiere soll man nicht q _ _ _ _ _ –
3 Fläche mit vier gleich langen Seiten und vier rechten Winkeln – 4 ein Blasinstrument aus Silber –
5 Auf dem Sofa sitzt man angenehm. Gesucht ist ein anderes Wort für **angenehm** (enthält ein **qu**).

Lösungswort: ___ ___ ___ ___ ___

▶ Sieh im Lösungsteil nach, dann schreibe die **6 Wörter** richtig auf den Block.

Ein h, das du hören kannst

> Ein **stummes h** kannst du oft hörbar machen, wenn du ein Wort verlängerst:
> der Schu**h** → die Schu**h**e,
> er geh**t** → ge**h**en.

14 Bilde aus den Adjektiven **Nomen**. Sie haben alle ein hörbares **h**. Schreibe sie mit Artikel auf.

hoch ☐ nah ☐

mühsam ☐ ruhig ☐

15 Setze die Wörter richtig in die Sätze ein. Das **h** ist dann nicht mehr zu hören.

> stehen, ziehen, drehen, mähen, gehen, sehen, nähen

Die Erde ☐ sich um die Sonne.

Lea ☐ nach Hause.

Der Bauer ☐ die Wiese.

Ich verstecke mich, damit mich keiner ☐.

Das Pferd ☐ die Kutsche.

Endlich ☐ der Maibaum.

Mein Vater ☐ mir ein Kleid.

16 Bilde mit den Wörtern der roten und blauen Zeile sechs passend **zusammengesetzte Nomen**.
Aus dem **hörbaren h** wird ein **stummes h**.

| ~~mähen~~ | sehen | drehen | gehen | nähen | stehen |
| Tür | ~~Maschine~~ | Platz | Test | Nadel | Weg |

Mähmaschine,

17 Auch bei dieser Aufgabe wird aus dem hörbaren **h** ein **stummes h**. Bilde kurze Sätze.

~~Hund/Kreis~~	geschehen
Gebirge/Enzian	~~drehen~~
Straße/Unglück	blühen
Lehrer/Fehler	sehen

So geht's!

Der Hund dreht sich im Kreis.

Wörter mit b, d, g und p, t, k am Ende

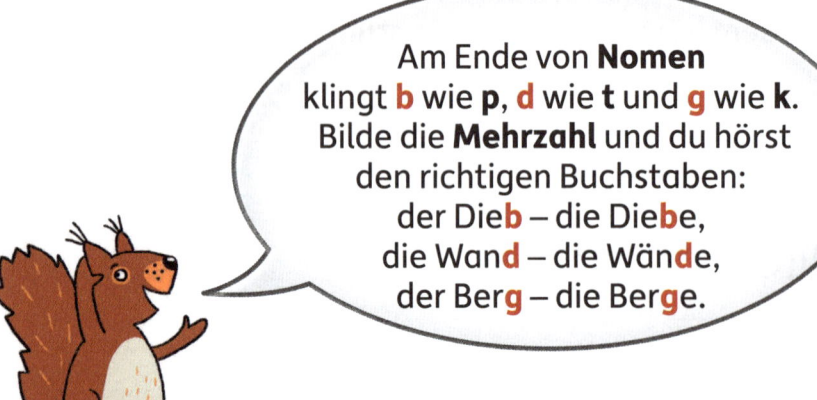

Am Ende von **Nomen** klingt **b** wie **p**, **d** wie **t** und **g** wie **k**. Bilde die **Mehrzahl** und du hörst den richtigen Buchstaben:
der Die**b** – die Die**b**e,
die Wan**d** – die Wän**d**e,
der Ber**g** – die Ber**g**e.

18 Sprich zu jedem Bild **laut** das Wort in der Einzahl, dann in der **Mehrzahl**. Klingt der Konsonant **weich** oder **hart**? Schreibe jetzt das Wort richtig in der **Einzahl** neben das Bild.

Adjektive verlängerst du so:
trü**b** – trü**b**er, blon**d** – blon**d**er, klu**g** – klü**g**er.

19 Setze die fehlenden Adjektive ein. Verlängere **jedes** Wort, ehe du es aufschreibst. So hörst du, ob am Ende ein **weicher** oder **harter** Konsonant steht.

Der Ball ist ru̲_____ und jede Blumenwiese b̲_____.

Wer nichts hört, ist t̲_____,

und sei es um ihn noch so l̲_____.

Wer nicht dumm ist, der ist k̲_____,

er fährt nicht Auto, sondern Zug.

Auch in einem **Verb** kann sich **b** wie **p** und **g** wie **k** anhören.
Bilde die **Grundform** und du schreibst richtig:
er ü**b**t – ü**b**en, sie sie**g**t – sie**g**en.

20 Schreibe links die **Grundform** auf, dann setze richtig ein.

_____	Hanna, du lie__st David.
_____	Er pum__t Wasser.
_____	Luis sa__te nur ein Wort.
_____	Er trin__t kein Bier.
_____	Tommy lie__t schon im Bett.

21 Setze jeweils ein: **b/p, d/t** oder **g/k**.
Vorher musst du **verlängern**: Nomen in die Mehrzahl, Verben in die Grundform, Adjektive steigern.
Sprich **laut** dazu. Weil immer nur **eine** Verlängerung möglich ist, bleiben jeweils zwei Kästchen frei.

	Nomen = Mehrzahl	Verben = Grundform	Adjektive = steigern
der Bran_	die Brän**d**e	—	—
du gi__st	—	ge**b**en	—
häufi_	—	—	häufi**g**er
es stin__t			
kal_			
der Mona_			
frem_			
der Wal_			
lan_			
er flie__t			
star_			
gesun_			
wil_			
die Kraf_			
er erlau__t			
der Zwer_			

Umlaute ä - äu

> Viele Wörter mit **ä** lassen sich von einem Wort mit **a** ableiten: **ä**rmer kommt von **a**rm.

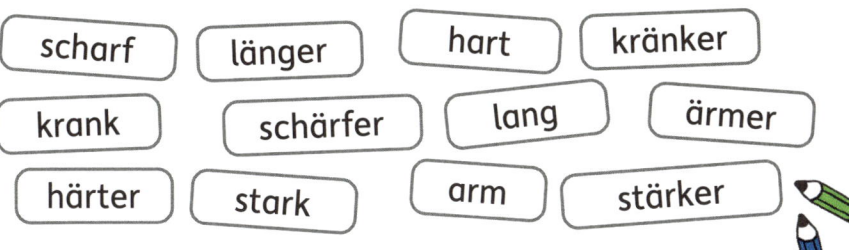

22 Male **Adjektive**, die zusammengehören, mit gleicher Farbe aus.

scharf · länger · hart · kränker
krank · schärfer · lang · ärmer
härter · stark · arm · stärker

▶ Schreibe sie **paarweise** auf den Block.

23 Setze die **Verben** richtig in den Text ein.

backen, fahren, lassen

Mama _____ einen Kuchen,

dann _____ sie zum Einkaufen.

Sie _____ Max im Garten spielen.

wachsen, fallen

Im Garten _____ ein Apfelbaum.

Ein Apfel _____ herab. Max isst ihn.

24 ä oder e, äu oder eu?

Fülle die Lücken in den **fett** gedruckten Wörtern aus.
Ordne die Wörter mit **ä/äu** in die Tabelle unten ein.

1. Sarah **f_llt**
2. es **schm_ckt**
3. nur ein **Sch_rz**
4. meine Mama ist **_rztin**
5. ein schönes **Geb_ _de**
6. **h_ _te** oder morgen
7. Geld **w_chseln**
8. Gras **w_chst** schnell
9. wir **r_ _mten** auf
10. es kamen viele **L_ _te**
11. etwas Schönes **tr_ _men**
12. er gewinnt **h_ _fig**
13. arge **Schm_rzen**
14. schöne Bade**str_nde**

Wörter mit ä, äu	kommt von a, au
fällt	fallen

Lerne **Merkwörter**, die du nicht ableiten kannst: Bär, Käfer, Käfig, Lärm, März, Säge, Knäuel, Säule ... (siehe Seite 65).

Wörter mit ie

> Einen lang gesprochenen **i-Laut** schreibt man fast immer mit **ie**: sch**ie**f, t**ie**f.

25 Schreibe unter die sechs Wörter passende **Reimwörter**.
Die Bilder helfen dir, diese Wörter zu finden.

Ziegel   Wiese   Schiene

Wiege   Papier   Dieb

tief   Tier

▶ Verbessere mit Hilfe des Lösungsteils.

▶ Schreibe dann alle **Reimpaare** nochmals auf den Block.

26 Unterscheide das lange **ie** vom kurzem **i**. Sprich **laut**.

> der Stiel - still, riesig - rissig, bieten - bitten,
> die Miete - die Mitte

▶ Bilde nun mit **jedem** Wortpaar **zwei** kurze Sätze.

Jeder Besen hat einen **Stiel**. Nachts ist es _____.

_____

_____

_____

_____

_____

_____

27 Unterscheide wieder das lange **ie** vom kurzen **i**.

▶ Schreibe richtig in die Lücken.

▶ Suche jedes Wort in der **Wörterliste** (S. 81-91).

▶ Schreibe die **Seitenzahl** in das Kästchen und das Wort noch einmal auf den Block.

fl___ßen ☐, ein b___sschen ☐, schl___ßlich ☐,

r___chen ☐, das Seil r___ss ☐, er tr___fft nicht ☐,

l___ben ☐, sie w___ssen es ☐, er r___f nicht an ☐

16

28 Hier wurden die Buchstaben von Wörtern mit **ie** durcheinandergewirbelt. Schreibe sie richtig auf.
Die **Anfangsbuchstaben** sind jeweils **rot** gedruckt.

Dieses Zeichen bedeutet: Suche dir einen Partner, der dir das folgende Diktat diktiert.

Wilde Bienen

Wer spazieren geht und die Augen aufmacht, sieht unzählige kleine Tiere. Alle kennen die Honigbiene, der wir gesundes Obst verdanken. Doch auch ihre wilden Schwestern bestäuben Obstbäume, so zum Beispiel die Hummel. Man sieht sie häufig, auch wenn es kälter ist, weil ihr Pelz sie wärmt. Es gibt viele Arten von Wildbienen: Die Sandbiene gräbt Löcher in den Sand, die Maskenbiene in Stängel und die Holzbiene in Äste. Jede lebt auf ihre Art, um die Brut zu ernähren. Heute wird es schwierig für die Wildbiene. Dabei braucht sie nur wenig: Die Mohnbiene roten Mohn und Kornblumen. (98 Wörter)

Die Großschreibung

In der Regel werden Wörter **kleingeschrieben**.
Nur **Nomen** schreibt man **groß**.

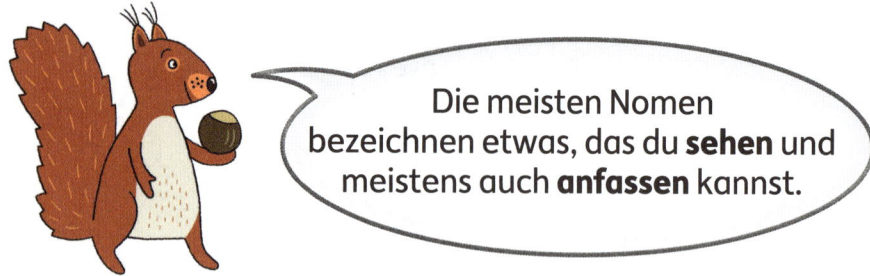

Die meisten Nomen bezeichnen etwas, das du **sehen** und meistens auch **anfassen** kannst.

29 Schreibe die **Nomen** zu den Bildern auf.
Suche **jedes** Wort in der Wörterliste und **verbessere**.

30 Schreibe nur die **Nomen** auf. Es sind Lebewesen oder Dinge, die du **sehen** und **anfassen** kannst. Nicht vergessen: Schreibe nur den Anfangsbuchstaben groß!

KIND, ALT, MÜLL, NASS, BAGGER, GELB, DICK,
KUH, BOOT, LINKS, BRILLE, SCHULHAUS

> Auch mit Hilfe der **Artikelprobe** kannst du Nomen erkennen. Du musst dabei **der**, **die**, **das** oder **ein**, **eine** davorsetzen.

31 Es stehen **noch 8 Nomen** im Text.

▶ Suche sie mit Hilfe der Artikelprobe und unterstreiche sie.

▶ Schreibe sie **groß** mit dem bestimmten Artikel auf.

Es ist warm. Vor mir sitzt ein schöner <u>schmetterling</u>, einer, der nur am tag unterwegs ist. Ich bewundere seine leuchtend gelbe farbe. Jetzt fliegt er zur nächsten blume und krallt sich am stängel fest. Mit seinem rüssel saugt er den nektar aus jeder blüte. Er liebt die sonne.

der Schmetterling,

Adjektive sagen, **wie** etwas ist. Zwischen Artikel und Nomen steht manchmal ein **Adjektiv**. Aufgepasst: Der **Artikel** bezieht sich immer auf das **Nomen**: **ein** lieber **Freund**.

32 Unterstreiche jeweils **Artikel** und **Nomen** rot. Schreibe richtig auf! Beachte jeweils die Groß- und Kleinschreibung!

DER KLEINE BÄR   der kleine Bär

DIE KLEINE HEXE

EIN JUNGES REH

DER TIEFE SEE

EIN WILDES TIER

33 Bilde Wortgruppen aus bestimmtem **Artikel** + **Adjektiv** + **Nomen**. Unterstreiche die **Nomen**! Hast du sie auch alle **groß**geschrieben?

bequem, giftig, ~~stuhl~~, bunt, pflanze, strauß, biene, fleißig

der bequeme Stuhl,

> Von fast allen Nomen gibt es eine **Mehrzahl**. Der Artikel ist immer **die**.

34 Schreibe diese Nomen in der **Mehrzahl** mit Artikel auf. Aufpassen: Manchmal unterscheiden sich Einzahl und Mehrzahl **nicht**.

der ~~Blitz~~, der Draht, die Waage, die Höhle, der Haufen, der Schatten, der Block, der Krieg, der See, das Paket, das Rätsel, der Spaß, das Meer, die Straße, das Theater, der Drache

die Blitze,

Manche Nomen bezeichnen etwas, das du nicht sehen und nicht anfassen kannst. Du kannst es jedoch **hören**, **riechen**, **fühlen** oder dir **denken**. Solche Nomen heißen **abstrakte** Nomen.

Wenn sich dein Vater freut oder ärgert, dann kannst du es an seinem Gesicht sehen. Aber **die** Freude oder **den** Ärger selbst kannst du weder sehen noch anfassen.

35 In jeder Reihe stehen abstrakte Nomen.
Eines ist **kein** abstraktes Nomen.
Streiche es durch und schreibe es auf die Zeile.

Ruhe – Stiel – Schall – Stolz

Hitze – Lied – Stock – Erlebnis

Gebäude – Angst – Gesetz – Duft

Kraft – Draht – Gefahr – Zukunft

36 Verwandle folgende Adjektive in **abstrakte Nomen**.

fleißig der Fleiß   kühl

scharf   die   nass

hoch   trotzig

37 In diesem Text ist alles kleingeschrieben bis auf die Satzanfänge. Unterstreiche die **13 Nomen** und schreibe sie richtig auf.

> Mein kater ist sehr krank. Ich habe mitleid mit ihm. Nichts mehr macht ihm spaß. Selbst wenn ich mit ihm spiele, hat er keine freude. Stirbt er, so wären meine trauer, aber auch mein zorn auf das ungerechte schicksal groß. Er ist doch noch so jung. Könnte er mich nur verstehen, ich würde ihm mut zureden. Ja, meine liebe zu ihm ist groß. Meine kleine schwester ist schon von eifersucht geplagt. Für mich ist jetzt nur eines wichtig: die gesundheit meines katers.

Am **Satzanfang** schreibst du jedes Wort groß. Vor einem neuen Satz steht entweder ein **Punkt**, ein **Frage-** oder ein **Ausrufezeichen**.

38 Schreibe über die Satzanfänge große Buchstaben.

M
~~m~~ein kleiner <u>hausdrache</u>

an ihm habe ich immer <u>freude</u>. zwar ist er nicht größer als meine katze, aber seine klugheit übertrifft sogar die meiner schwester fanny. wenn ich am morgen aufwache, sitzt er schon an meinem bett. mit seiner hübschen gespaltenen zunge leckt er sanft meine hand. das nenne ich freundschaft! nur selten speit er ein wenig feuer. und wenn, wer hat fast immer schuld daran? natürlich meine katze, die wieder einmal ärger macht.

Unterstreiche jetzt weitere **13 Nomen** im Text und ordne sie richtig ein:

▶ Kann man **sehen** und (oder) **anfassen**.

Hausdrache,

▶ Kann man weder sehen noch anfassen.

Freude,

> In **Brief** oder **E-Mail** schreibst du die Anrede-Wörter **Sie**, **Ihnen**, **Ihr**, **Ihre** usw. immer groß. Die Anrede-Wörter **du**, **dir**, **dich**, **dein** kannst du kleinschreiben.

39 Füge im folgenden Brief diese **Anrede-Wörter** richtig ein:

IHRE, IHNEN, SIE, IHREN, SIE, IHR

Sehr geehrte Frau Holle,

es tut mir leid, dass sich mein kleiner Hausdrache

in _____ Garten verirrt hat.

Darko hat _____ doch hoffentlich

keinen Schrecken eingejagt. Wissen _____,

er ist sehr gesellig und sucht immer nach

neuen Freunden. Geben _____ ihm doch

einfach ein Stück Zucker und _____ Furcht

wird sich als unbegründet erweisen.

Viele Grüße

_____ Nachbar Tom

Igel sind keine Haustiere

Für ihr Leben in Freiheit brauchen Igel Hecken, Waldränder und unbebaute Flächen. Viele werden in Parks und Gärten verdrängt. Igel sind Nachttiere und verbringen den Tag unter Sträuchern und Laubhaufen. Ihre natürlichen Feinde sind Eulen wie der Uhu, ebenso Füchse und Wildschweine. Sie ernähren sich von Käfern, Würmern und Schnecken. Im Sommer fressen sie sich eine Fettschicht an. Die schützt sie vor Kälte während des Winterschlafs, der sechs Monate dauert.

Oft müssen Igel Straßen überqueren. Eine Million wird dabei jährlich getötet. Andere sterben durch Gift in Gärten, fallen in Gruben oder Gartenteiche. Besondere Vorsicht ist nötig, wenn man unter Sträuchern mäht. Wer Igel liebt, macht Gartenzäune durchlässig, legt Ecken mit Laub, Zweigen und Ästen an. Gesunde Tiere brauchen im Winter keine Hilfe. Wer aus Mitleid einen geschwächten Igel pflegt, sollte sich Rat bei Fachleuten holen. (139 Wörter)

Wortfamilien

40 Markiere im folgenden Text den **Wortstamm**
fahr / fähr rot, wenn du ihn in einem Wort findest.

Wer mit dem Fahrrad fährt, muss auf die Gefahren im Straßenverkehr achten. Es ist gefährlich, wenn man als Fahrer mit seinen Gedanken woanders ist. Erfahrung ist bei dichtem Verkehr wichtig, auch dann, wenn eine Straße noch so gut befahrbar ist. Trotzdem: Wie ich den Fahrtwind liebe! Hoffentlich verfahren wir uns nicht.

▶ Ordne die Wörter der Wortfamilie fahr / fähr nach **Wortarten** ein:

Nomen	
Verben	
Adjektive	

41 Hier sind **vier** Wortfamilien durcheinandergeraten.
Ordne sie richtig ein und markiere die **Wortstämme** rot.

> Rennauto, gerollt, Gefühl, Roller, schläfrig,
> wegrennen, Schlafzimmer, einrollen, gefühllos,
> Pferderennen, wetterfühlig, ausschlafen

1. rennen: Rennauto,

2. schlafen:

3. rollen:

4. fühlen:

Wortfamilien helfen dir bei der **Rechtschreibung**. Meistens gilt: einmal **h**, immer **h** oder einmal **nn**, immer **nn**.

42 Hier musst du die markierten **Wortstämme** ergänzen. Achte auf Groß- und Kleinschreibung!

zahlen: be _ _ _ _ en, Be _ _ _ _ ung,

_ _ _ _ bar, er _ _ _ _ t

kennen: _ _ _ _ zeichen, er _ _ _ _ en,

sie _ _ _ _ t es

fallen: Un _ _ _ _ , um _ _ _ _ en,

_ _ _ _ tür, die _ _ _ _ e

drehen: er _ _ _ _ t, _ _ _ _ stuhl,

_ _ _ _ bar, ver _ _ _ _ t

Wortbausteine

Nomen, Verben und Adjektive haben einen wichtigen Baustein: den **Wortstamm**. **Davor** und **danach** können weitere **Wortbausteine** stehen.

Nomen bestehen oft aus **zwei** oder **drei** Bausteinen:

Verpackung

vorangestellter Baustein — **Stamm** — **nach**gestellter Baustein

29

43 Male den **Wortstamm** rot, **Bausteine davor** grün, **danach** blau an. 4 Wörter haben 3 Bausteine.

Absicht	Zeugnis	Entfernung
Verletzung	Geheimnis	Päckchen
Freiheit	Bächlein	Versammlung

44 Mit diesen Bausteinen kannst du **Nomen** bilden. Schreibe so viele auf, wie dir einfallen. Male sie an.

| vor-, ent- ver- | fern, täusch, zeih, führ, krank, gleich | -ung -heit |

Vortäuschung,

Verben erkennst du mit Hilfe der Frage: Kann man es **tun**? Mit einem vorangestellten Wortbaustein (Vorsilbe) kannst du den **Sinn** eines Verbs **verändern**: bauen – **auf**bauen – **ab**bauen.

45 Verbinde die **Vorsilben** mit den **Verben**. Zu jedem Verb passt nur **eine**. Streiche sie jeweils durch.

zer , an , über , ver , zu

lieben , beten , flüstern , rumpeln , quetschen

46 Setze die Bausteine so zusammen, dass jeweils **zwei gleiche Konsonanten hintereinander** stehen.

ab , ver , auf , hin ,   führen , nehmen , reißen , nagen
an , aus , zer   schneiden , bremsen , rutschen

abbremsen,

47 Male Ballons, die zusammengehören, mit **gleicher Farbe** aus. Schreibe die neuen Wörter auf den Block.

48 Wenn du Verben verschiedene Wortbausteine voranstellst, ändert sich ihr **Sinn**.

▶ Ergänze jeden Satz mit dem **passenden** Wort.

packen, einpacken

Wir müssen heute noch [].

Du sollst mich nicht am Arm [].

wechseln, verwechseln

Kannst du zwei Euro [].

Zwillinge kann man leicht [].

setzen, übersetzen

Er wird es ins Deutsche [].

Der Lehrer sagt: „Ihr könnt euch []."

schließen, beschließen

Um 23 Uhr muss das Lokal [].

Man muss eine neue Hausordnung [].

raten, verraten

Geheimnisse soll man nicht [].

Melanie kannte die Lösung des Rätsels nicht,

sie musste [].

> **Adjektive** erkennst du mit Hilfe der Frage: **Wie** ist es? Oft enden Adjektive mit den Bausteinen **-ig** und **-lich**: farb**ig**, sport**lich**.

49 Mit den Nachsilben **-ig** und **-lich** kannst du Nomen in Adjektive verwandeln. Probier es aus!

Dreck — dreckig   Gefahr —

Durst —   Ehre —

Nutzen —   Ecke —

Wind —   Angst —

Glück —   Fluss —

50 Und nun rückwärts. Kannst du diese Adjektive wieder in Nomen verwandeln?

beruflich — Beruf   fleißig —

hungrig —   pünktlich —

kräftig —   vernünftig —

vorsichtig —   jugendlich —

ärgerlich —   schattig —

51 Verwandle die Nomen in **Adjektive** und füge sie passend in den folgenden Text über Wassermangel ein.

Lust, ~~Jahr~~, Glück, Durst, Trauer, Hunger, Ende, Schrecken, Not

Weltwassertag

Seit 1993 ist jährlich am 22. März Weltwassertag. Ein l_____ Tag ist das nicht, eher ein t_____. Weil es auf der Welt wärmer wird, regnet es in manchen Gegenden immer weniger. Dort müssen arme Menschen oft d_____ und _____ einschlafen. Das ist s_____. Auch die Nahrung kann nicht ohne Wasser erzeugt werden. Felder müssen bewässert werden, Kühe, Schafe und Schweine müssen trinken. Bis ein Kilo Mehl e_____ im Supermarkt steht, sind 1500 Liter Wasser verbraucht worden. Für ein Steak, das wir g_____ verzehren dürfen, waren sogar 15.000 Liter _____.

52 Wörter, die auf **-heit**, **-keit**, **-ung**, **-schaft** enden, sind **Nomen**. Schreibe zu jedem Nomen das Gegenteil auf. Achte auf die Großschreibung!

Helligkeit
Freundschaft   Fei
Tapferkeit   F
Fröhlichkeit
Klugheit
Gesundheit

53 Diese Adjektive kannst du in Nomen verwandeln. Hänge einfach ein **-e** an. Achtung: Oft ändert sich dadurch der Wortstamm!

glatt   Glätte   nass
nah   scharf
stark   tief

54 Hänge an den Wortstamm dieser Verben **-er** an. So verwandelst du sie in Nomen (Großschreibung!).

lehren   Lehrer   kratzen
fahren   bohren
siegen   erzählen

Höflichkeit macht Schule

Höfliche Menschen sind beliebt. Schon eine freundliche Begrüßung ist wie Sonnenschein. Erst recht, wenn man dabei aufsteht und dem anderen in die Augen schaut. Vielleicht ein wenig mit dem Kopf nicken und das freie Händchen nicht in der Hosentasche verstecken.

Für Wünsche und Dankbarkeit gibt es schöne, einfache Worte und für eine Entschuldigung genügt: „Es tut mir leid, das habe ich nicht gewollt!"

Jeder wird verstehen, dass man bei einer Unterhaltung einander zuhört und sich nicht unterbricht. So vieles wäre noch wichtig: Pünktlichkeit, sich nicht vordrängeln, Türen aufhalten, alten und gebrechlichen Menschen einen Sitzplatz anbieten. Sauberkeit gehört zu gutem Benehmen wie der Kern zum Apfel. Was man benutzt hat, sollte man sauber hinterlassen, nicht nur Toiletten.

Nur der Unhöfliche entsorgt Kaugummis auf dem Gehweg. Vorsicht! Das könnte etwas kosten. Wer hustet, niest oder gähnt, hält die Hand vor den Mund. Dann wird daraus eine saubere Angelegenheit. (149 Wörter)

Betonte und unbetonte Vokale

> Wörter bestehen aus **Silben**.
> Zu jeder Silbe gehört **ein** Vokal,
> Umlaut oder Doppellaut:
> Sch**a**l, Sch**u**lt**e**r.

55 Zeichne im folgenden Satz die **Silbenbögen** ein und markiere alle Vokale rot.

V**o**n Molli lernen wir wichtige Regeln.

> Sehr viele Wörter haben **zwei** Silben. Der Vokal in der ersten Silbe wird meistens **deutlicher** gesprochen als der in der zweiten. Man sagt: Er wird **betont**, z. B. V**a**ter, M**u**tter.

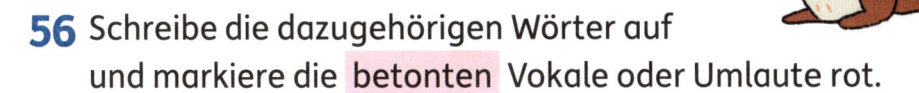

56 Schreibe die dazugehörigen Wörter auf und markiere die betonten Vokale oder Umlaute rot.

Kurz und lang gesprochene Vokale

> Ein betonter Vokal kann **kurz** gesprochen werden wie in B**ett** oder **lang** wie in b**e**ten.

57 Jedes Bild steht für ein Wort, in dem ein **e betont** ist. Sprich jedes Wort laut und deutlich. Sprichst du das **e lang**, machst du in das Kästchen einen Strich – , sprichst du es **kurz**, einen Punkt • .

58 Schreibe nun die Wörter von Aufgabe **57** passend in die Tabelle. Sieh in der **Wörterliste** nach, ob du sie richtig geschrieben hast.

kurz gesprochenes e	lang gesprochenes e

59 Die Vokale der **betonten** Silben werden entweder **lang** oder **kurz** gesprochen. Sprich die Wörter deutlich und überlege, ob der betonte Vokal lang oder kurz ist.

▶ Male die Kästchen in der entsprechenden Farbe aus.

Fuchs   bohren   klar   kratzen

Hut   Müll   Schall

Kamm   Strom   wiegen

strampeln   Glück

Wörter mit doppelten Konsonanten

> In vielen Wörtern steht nach einem **kurz** gesprochenen Vokal ein **doppelter** Konsonant: Do**nn**er.

60 „Räum auf, was hier alles auf dem Boden liegt", sagt Mama zu Lea.

▶ Male aus, was Lea aufräumen soll. Sprich dazu die Wörter deutlich in Schreibsilben: Pu**p** – **p**e.

61 Suche die Wörter in der **Wörterliste**, schreibe sie mit **Silbenbögen** auf. Gib die **Seite** an, wo sie stehen. Denke an Mollis Regel.

Puppe, S. 87,

62 Ordne die folgenden Wörter nach dem **Abc**.

> Schall, Ofen, Betten, Ratten, hassen, Schal,
> raten, offen, Hasen, beten

63 Ordne jetzt die Wörter in die Tabelle ein.

langer Vokal	kurzer Vokal
beten	Betten

64 Finde zu jedem **Nomen** das entsprechende **Verb**.

Nomen	Verb
die Bitte	
der Gewinn	
der Kamm	

65 In der Geschichte findest du 12 **Nomen**.
~~7~~ **Nomen** haben einen kurzen Vokal,
5 einen lang gesprochenen Vokal oder Doppellaut.

▶ Unterstreiche jeweils grün oder orange.

> Die Sonne war längst untergegangen. Es wurde bitterkalt. Die Raben versammelten sich zum Schlafen auf ihrem Baum. Am Himmel stand der bleiche Mond. Nur der Fuchs lief noch durch den Wald. Er war auf der Suche nach Fressen. Der kleine Fritz schlief schon in seinem warmen Bett. Er hatte es schön.

▶ Lass dir diesen Text doch auch diktieren!

66 Findest du die **Wortpaare**? Schreibe sie zusammen auf. **Unterstreiche** die doppelten Konsonanten.

> ~~Kamm~~, schwimmen, Hoffnung, Schwimmflügel, Fluss, küssen, ~~kämmen~~, Kletterseil, flüssig, fressen, hoffentlich, Fressnapf, Kuss, klettern

Ka<u>mm</u> - kä<u>mm</u>en,

67 Male zusammengehörende **Silben** mit gleicher Farbe an und schreibe die Wörter auf.

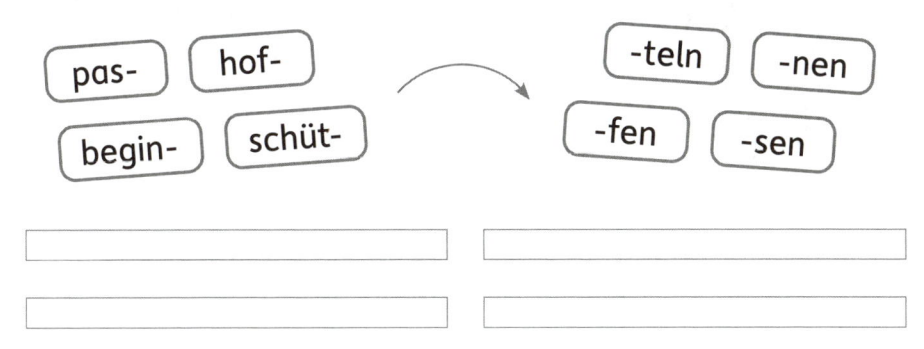

pas-   hof-   begin-   schüt-   -teln   -nen   -fen   -sen

☐ ☐
☐ ☐

68 **Bilde Sätze** mit den Wörtern des Silbenrätsels von Aufgabe **67** und den Wörtern in den Kreisen. Schreibe auf den Block.

- Pflaumen / Vater / Baum
- Unterricht / 8 Uhr / Schule
- Lisa / Probe / gute Note
- Kleid / rot / Julia

69 Reime. **Unterstreiche** die **doppelten** Konsonanten.

Kanne	Sonne	Kasse	messen
W	T	T	e
Pf	N	M	fr
T	W	G	verg

43

Wörter mit tz

> Ein **Vokal** oder **Umlaut** vor **tz** wird immer **kurz** gesprochen. Das **tz** ersetzt **zz**, das es in deutschen Wörtern nicht gibt.

70 Male zusammengehörende **Silben** mit der gleichen Farbe an. Schreibe die Wörter mit **Silbenbögen** auf.

schmut-   Hit-   -zig   -zen
Spit-   blit-   -ze   -ze

☐ ☐
☐ ☐

71 Unterstreiche Wörter, die zur Wortfamilie **schmutz** gehören **rot**, Wörter der Wortfamilie **nutz grün**, Wörter der Wortfamilie **sitz blau** und Wörter der Wortfamilie **schutz orange**.

nützlich – verschmutzen – Schutz – Sitzkreis – sitzt – Nutzwald – Hochsitz – schmutzig – nützen – schützen – Schmutzfink – Polizeischutz – beschmutzen – Nutztiere – Nutzen – Schutzengel – Sitzkissen

▶ Schreibe die Wörter nach Wortfamilien geordnet auf deinen Block.

72 Schreibe die Wörter nach dem **Abc** geordnet auf.
Unterstreiche **tz** rot.

> Katze, Platz, Satz, sitzen, Blitz, Gesetz, hitzig, zuletzt, plötzlich, schwitzen, besetzt, Spitze, nützen

besetzt,

73 Hier sind alle Wörter kleingeschrieben.
Schreibe nur die **Nomen** mit Artikel in der **Mehrzahl** auf.

> besetzt, blitz, gesetz, hitzig, katze, nützen, platz, plötzlich, satz, schmutzig, schützen, schwitzen, sitzen, spitze, verletzung, zuletzt

die Blitze,

74 Füge die **tz**-Wörter in den blauen Balken richtig in die Sätze ein.

kratzen, Tatzen, Katzen

Mit ihren _____ _____

_____ gerne.

Blitze, Hitze

Am Tag ist große _____,

abends leuchten _____.

besetzt, zuletzt

_____ war

jeder Wagen voll _____.

schwitzen, sitzen, flitzen, spitzen

In der Schule _____,

den Bleistift _____,

dann beim Probeaufsatz _____,

doch draußen sieht man Schwalben _____.

253

Rechtschreiben und Diktate

3. Klasse

ie

mm

x

V/v

ß

tz

Lösungen

Dieser Lösungsteil ist herausnehmbar!
Klammern in der Mitte des Heftes öffnen!

1

2 Roller, Teddy, Mütze, Puppe, Decke, Ball, Pilz, Zeitung, Stuhl, Schnecke

3 Sicherlich kannst du das Abc nun richtig gut. Das ist wichtig, um Wörter schnell im Wörterbuch nachschlagen zu können.

4 Abend, bloß, drücken, entgegen, Ferien, glücklich, Krieg, Päckchen, Quelle, Strauß, Taxi, verletzen, während

5

Wort	Gegenteil	Seite
sauber	**dreckig**	82
zuerst	**zuletzt**	91
links	**rechts**	87
nass	**trocken**	90
dünn	**dick**	82
stumpf	**spitz**	89
schwach	**stark**	89
drinnen	**draußen**	82

6

3	Hitze	5	Fuchs	4	streiten	4	Kreuzung
5	Hunger	4	frieren	3	Spiegel	2	klar
1	Handy	2	Fichte	1	Schatten	5	Kuss
4	Höhle	3	fleißig	2	See	3	Kompass
2	heizen	1	fett	5	Süßigkeit	1	kennen

7

Fluss	**Fleiß**	trocken	**Träne**
fliegen	**fliegen**	treu	**treu**
Fleiß	**Fluss**	Träne	**trocken**
Stück	**Stadt**	Mittag	**Miete**
Stadt	**Stoff**	mixen	**Mittag**
Stoff	**Stück**	Miete	**mixen**

8 Auf der Straße | fand mein Vater | eine braune Geldbörse.

9 Vergleiche genau, ob du richtig geschrieben hast. Denke auch an die Satzzeichen!

10 sparen, Spaten, Spiegel, steigen, Stift, stimmen, Straße, streiten, strömen, Stuhl

11

Geschwister	**streiten**	**Stift**	schreiben
Spaten	graben	Geld	**sparen**
Spiegel	zerbrechen	Fluss	**strömen**
Drachen	**steigen**	Rechnung	**stimmen**
Stuhl	sitzen	**Straße**	fahren

12 Im Wald, da weiß ich eine schöne Stelle,
dort sprudelt eine klare **Quelle**.
Dass Mücken stechen, ist normal.
Trotzdem sind diese Biester eine **Qual**!

13

			1	Q	U	A	R	K
		2	Q	U	Ä	L	E	N
	3	Q	U	A	D	R	A	T
4	Q	U	E	R	F	L	Ö	T	E
5	B	E	Q	U	E	M

Lösungswort: **Qualm**
Quark, quälen, Quadrat, Querflöte, bequem, Qualm

14 hoch **die Höhe**   nah **die Nähe**
mühsam **die Mühe**   ruhig **die Ruhe**

15 Die Erde **dreht** sich um die Sonne.
Lea **geht** nach Hause.

Der Bauer **mäht** die Wiese.
Ich verstecke mich, damit mich keiner **sieht**.
Das Pferd **zieht** die Kutsche.
Endlich **steht** der Maibaum.
Mein Vater **näht** mir ein Kleid.

16 Mä**h**maschine, Se**h**test, Dre**h**tür, Ge**h**weg, Nä**h**nadel, Ste**h**platz

17 Der Hund dre**h**t sich im Kreis.
Im Gebirge blü**h**t der Enzian.
Auf der Straße geschie**h**t ein Unglück.
Der Lehrer sie**h**t einen Fehler.

18

	Kor**b** (Körbe)		We**g** (Wege)
	Zel**t** (Zelte)		Gel**d** (Gelder)
	Bur**g** (Burgen)		Klei**d** (Kleider)
	Ban**k** (Banken)		Ra**d** (Räder)
	Bro**t** (Brote)		Pfer**d** (Pferde)

19 Der Ball ist **rund** und jede Blumenwiese **bunt**.
Wer nichts hört, ist **taub**, und sei es um ihn noch so **laut**.
Wer nicht dumm ist, der ist **klug**, er fährt nicht Auto, sondern Zug.

20 **lieben**   Hanna, du lie**b**st David.
    pumpen   Er pum**p**t Wasser.
    sagen   Luis sa**g**te nur ein Wort.
    trinken   Er trin**k**t kein Bier.
    liegen   Tommy lie**g**t schon im Bett.

21

	Nomen = Mehrzahl	Verben = Grundform	Adjektive = steigern
der Bran**d**	die Brän**d**e	—	—
du gi**b**st	—	ge**b**en	—
häufi**g**	—	—	häufi**g**er
es stin**k**t	—	stin**k**en	—
kal**t**	—	—	käl**t**er
der Mona**t**	die Mona**t**e	—	—
frem**d**	—	—	frem**d**er
der Wal**d**	die Wäl**d**er	—	—
lan**g**	—	—	län**g**er
er flie**g**t	—	flie**g**en	—
star**k**	—	—	stär**k**er
gesun**d**	—	—	gesün**d**er
wil**d**	—	—	wil**d**er
die Kraf**t**	die Kräf**t**e	—	—
er erlau**b**t	—	erlau**b**en	—
der Zwer**g**	die Zwer**g**e	—	—

22

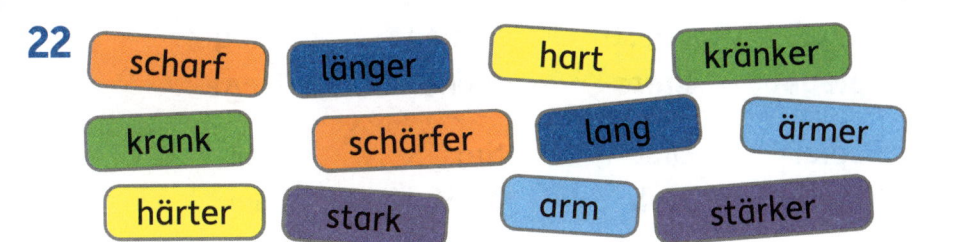

scharf, länger, hart, kränker, krank, schärfer, lang, ärmer, härter, stark, arm, stärker

scharf – schärfer, lang – länger, hart – härter,
krank – kränker, arm – ärmer, stark – stärker

23 Mama **bäckt** (backt) einen Kuchen, dann **fährt** sie zum Einkaufen. Sie **lässt** Max im Garten spielen. Im Garten **wächst** ein Apfelbaum. Ein Apfel **fällt** herab.

24
1. Sarah **fällt**
2. es **schmeckt**
3. nur ein **Scherz**
4. meine Mama ist **Ärztin**
5. ein schönes **Gebäude**
6. **heute** oder morgen
7. Geld **wechseln**
8. Gras **wächst** schnell
9. wir **räumten** auf
10. es kamen viele **Leute**
11. etwas Schönes **träumen**
12. er gewinnt **häufig**
13. arge **Schmerzen**
14. schöne Bade**strände**

Wörter mit ä, äu	kommt von a, au
fällt	**fallen**
Ärztin	**Arzt**
Gebäude	**bauen**
wächst	**wachsen**
räumten	**Raum**
träumen	**Traum**
häufig	**Haufen**
Strände	**Strand**

25
Ziegel	Wiese	Schiene	Wiege
Spiegel	**Riese**	**Biene**	**Ziege**
Papier	Dieb	tief	Tier
Klavier	**Sieb**	**Brief**	**vier**

26 Jeder Besen hat einen **Stiel**. Nachts ist es **still**.
Der Baum ist **riesig**. Die Mauer ist **rissig**.
Der Verkäufer **bietet** Waren an. Ich **bitte** meine Mutter.
Er bezahlt die **Miete**. In der **Mitte** steht eine Bank.

27 fl**ie**ßen 83, ein b**i**sschen 81, schl**ie**ßlich 88,
r**ie**chen 88, das Seil r**i**ss 87, er tr**i**fft nicht 90,
l**ie**ben 86, sie w**i**ssen es 91, er r**ie**f nicht an 88

28 Knie, Tiefe, Lied, gießen, verlieren

29 **Radio**, **Bett**, **Ärztin**, **Teppich**

30 Kind, Müll, Bagger, Kuh, Boot, Brille, Schulhaus

31 der Schmetterling, der Tag, die Farbe, die Blume,
der Stängel, der Rüssel, der Nektar, die Blüte, die Sonne

32 DER KLEINE BÄR — der kleine Bär
DIE KLEINE HEXE — die kleine Hexe
EIN JUNGES REH — ein junges Reh
DER TIEFE SEE — der tiefe See
EIN WILDES TIER — ein wildes Tier

33 der bequeme Stuhl, die giftige Pflanze,
der bunte Strauß, die fleißige Biene

34 die Blitze, die Drähte, die Waagen, die Höhlen,
die Haufen, die Schatten, die Blöcke, die Kriege,
die Seen, die Pakete, die Rätsel, die Späße,
die Meere, die Straßen, die Theater, die Drachen

35 Ruhe – ~~Stiel~~ – Schall – Stolz — **Stiel**
Hitze – Lied – ~~Stock~~ – Erlebnis — **Stock**
~~Gebäude~~ – Angst – Gesetz – Duft — **Gebäude**
Kraft – ~~Draht~~ – Gefahr – Zukunft — **Draht**

36 fleißig **der Fleiß** — kühl **die Kühle**
scharf **die Schärfe** — nass **die Nässe**
hoch **die Höhe** — trotzig **der Trotz**

37 Kater, Mitleid, Spaß, Freude, Trauer, Zorn,
Schicksal, Mut, Liebe, Schwester, Eifersucht,
Gesundheit, Kater

38 ~~m~~**M**ein kleiner <u>hausdrache</u>
~~a~~**A**n ihm habe ich immer <u>freude</u>. ~~z~~**Z**war ist er nicht größer als meine <u>katze</u>, aber seine <u>klugheit</u> übertrifft sogar die meiner <u>schwester</u> fanny. ~~w~~**W**enn ich am <u>morgen</u> aufwache, sitzt er schon an meinem <u>bett</u>. ~~m~~**M**it seiner hübschen gespaltenen <u>zunge</u> leckt er sanft meine <u>hand</u>. ~~d~~**D**as nenne ich <u>freundschaft</u>! ~~n~~**N**ur selten speit er ein wenig <u>feuer</u>. ~~u~~**U**nd wenn, wer hat fast immer <u>schuld</u> daran? ~~n~~**N**atürlich meine <u>katze</u>, die wieder einmal <u>ärger</u> macht.

▸ Kann man **sehen** und (oder) **anfassen**.
Hausdrache, Katze, Schwester, Fanny, Bett, Zunge, Hand, Feuer, Katze

▸ Kann man weder sehen noch anfassen:
Freude, Klugheit, Morgen, Freundschaft, Schuld, Ärger

39 Sehr geehrte Frau Holle,
es tut mir leid, dass sich mein kleiner Hausdrache in **Ihren** Garten verirrt hat. Darko hat **Ihnen** doch hoffentlich keinen Schrecken eingejagt. Wissen **Sie**, er ist sehr gesellig und sucht immer nach neuen Freunden. Geben **Sie** ihm doch einfach ein Stück Zucker und **Ihre** Furcht wird sich als unbegründet erweisen.
Viele Grüße
Ihr Nachbar Tom

40 Wer mit dem Fahrrad fährt, muss auf die Gefahren im Straßenverkehr achten. Es ist gefährlich, wenn man als Fahrer mit seinen Gedanken woanders ist. Erfahrung ist bei dichtem Verkehr wichtig, auch dann, wenn eine Straße noch so gut befahrbar ist. Trotzdem: Wie ich den Fahrtwind liebe! Hoffentlich verfahren wir uns nicht.

Nomen	**Fahrrad, Gefahren, Fahrer, Erfahrung, Fahrtwind**
Verben	**fährt, verfahren**
Adjektive	**gefährlich, befahrbar**

41 1. rennen: Rennauto, wegrennen, Pferderennen

2. schlafen: schläfrig, Schlafzimmer, ausschlafen

3. rollen: gerollt, Roller, einrollen

4. fühlen: Gefühl, gefühllos, wetterfühlig

42 zahlen: be**zahl**en, Be**zahl**ung, **zahl**bar, er **zahl**t

kennen: **Kenn**zeichen, er**kenn**en, sie **kenn**t es

fallen: Un**fall**, um**fall**en, **Fall**tür, die **Fall**e

drehen: er **dreht**, **Dreh**stuhl, **dreh**bar, ver**dreht**

43 Absicht, Zeugnis, Entfernung, Verletzung, Geheimnis, Päckchen, Freiheit, Bächlein, Versammlung

44 Vortäuschung, Vorführung, Verzeihung, Verführung, Entfernung, Enttäuschung, Entführung, Gleichung, Gleichheit, Führung, Krankheit, Täuschung

45 zerquetschen, anbeten, überrumpeln, verlieben, zuflüstern

46 a**bb**remsen, ve**rr**utschen, au**ff**ühren, hi**nn**ehmen, a**nn**agen, au**ss**chneiden, ze**rr**eißen

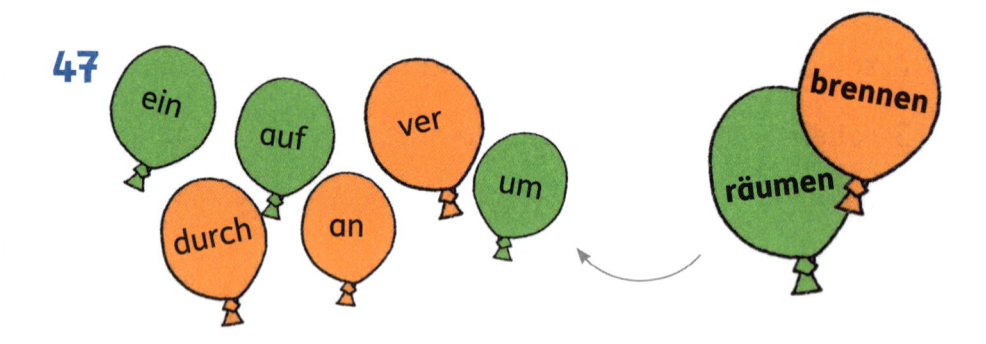

47 verbrennen, durchbrennen, anbrennen
einräumen, aufräumen, umräumen

(Auch möglich wären: einbrennen und verräumen.)

48 Wir müssen heute noch **einpacken**.
Du sollst mich nicht am Arm **packen**.

Kannst du zwei Euro **wechseln**.
Zwillinge kann man leicht **verwechseln**.

Er wird es ins Deutsche **übersetzen**.
Der Lehrer sagt: „Ihr könnt euch **setzen**."

Um 23 Uhr muss das Lokal **schließen**.
Man muss eine neue Hausordnung **beschließen**.

Geheimnisse soll man nicht **verraten**.
Melanie kannte die Lösung des Rätsels nicht, sie musste **raten**.

49

Dreck	**dreckig**	Gefahr	**gefährlich**
Durst	**durstig**	Ehre	**ehrlich**
Nutzen	**nützlich**	Ecke	**eckig**
Wind	**windig**	Angst	**ängstlich**
Glück	**glücklich**	Fluss	**flüssig**

50

beruflich	**Beruf**	fleißig	**Fleiß**
hungrig	**Hunger**	pünktlich	**Punkt**
kräftig	**Kraft**	vernünftig	**Vernunft**
vorsichtig	**Vorsicht**	jugendlich	**Jugend**
ärgerlich	**Ärger**	schattig	**Schatten**

51 Weltwassertag

Seit 1993 ist **jährlich** am 22. März Weltwassertag. Ein **lustiger** Tag ist das nicht, eher ein **trauriger**. Weil es auf der Welt wärmer wird, regnet es in manchen Gegenden immer weniger. Dort müssen arme Menschen oft **durstig** und **hungrig** einschlafen. Das ist **schrecklich**. Auch die Nahrung kann nicht ohne Wasser erzeugt werden. Felder müssen bewässert werden, Kühe, Schafe und Schweine müssen trinken. Bis ein Kilo Mehl **endlich** im Supermarkt steht, sind 1500 Liter Wasser verbraucht worden. Für ein Steak, das wir **glücklich** verzehren dürfen, waren sogar 15.000 Liter **nötig**.

52

Helligkeit	**Dunkelheit**
Freundschaft	**Feindschaft**
Tapferkeit	**Feigheit**
Fröhlichkeit	**Traurigkeit**
Klugheit	**Dummheit**
Gesundheit	**Krankheit**

53

glatt	**Glätte**	nass	**Nässe**
nah	**Nähe**	scharf	**Schärfe**
stark	**Stärke**	tief	**Tiefe**

54

lehren	**Lehrer**	kratzen	**Kratzer**
fahren	**Fahrer**	bohren	**Bohrer**
siegen	**Sieger**	erzählen	**Erzähler**

Gesamtübersicht

Lernen · Üben · Fördern

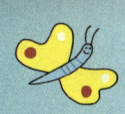

Besser lernen und spielerisch üben für Kindergarten & Schule — von Pädagogen empfohlen!

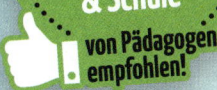

Kindergarten · Vorschule 4–7 J.

- **619** Kindergartenblock – Gemeinsamkeiten und Unterschiede ab 4 Jahre
  978-3-88100-619-4 | 5,90 EUR® | A5-Block
- **620** Kindergartenblock – Das kann ich schon! ab 4 Jahre
  978-3-88100-620-0 | 5,90 EUR® | A5-Block
- **621** Kindergartenblock – Formen, Farben, Fehler finden ab 4 Jahre
  978-3-88100-621-7 | 5,90 EUR® | A5-Block
- **622** Kindergartenblock – Verbinden, vergleichen, Fehler finden ab 4 Jahre
  978-3-88100-622-4 | 5,90 EUR® | A5-Block
- **618** Vorschulblock – Schneiden, kleben, basteln ab 5 Jahre
  978-3-88100-618-7 | 5,90 EUR® | A5-Block
- **623** Vorschulblock – Konzentration und Wahrnehmung ab 5 Jahre
  978-3-88100-623-1 | 5,90 EUR® | A5-Block
- **624** Vorschulblock – Logisches Denken, rätseln und knobeln ab 5 Jahre
  978-3-88100-624-8 | 5,90 EUR® | A5-Block
- **625** Vorschulblock – Fit zum Schuleintritt ab 5 Jahre
  978-3-88100-625-5 | 5,90 EUR® | A5-Block
- **626** Vorschulblock – Schwungübungen ab 5 Jahre
  978-3-88100-626-2 | 5,90 EUR® | A5-Block
- **627** Vorschulblock – Zahlen und Mengen ab 5 Jahre
  978-3-88100-627-9 | 5,90 EUR® | A5-Block
- **628** Vorschulblock – Buchstaben und Laute ab 5 Jahre
  978-3-88100-628-6 | 5,90 EUR® | A5-Block
- **611** Vorschule: Schulreife fördern
  978-3-88100-611-8 | 4,90 EUR® | A5-Heft
- **612** Vorschule: Sprache entdecken
  978-3-88100-612-5 | 4,90 EUR® | A5-Heft
- **613** Vorschule: Zahlen entdecken
  978-3-88100-613-2 | 4,90 EUR® | A5-Heft
- **614** Vorschule: Unsere vier Jahreszeiten
  978-3-88100-614-9 | 2,90 EUR® | A5-Heft
- **615** Vorschule: Rund um meinen Körper
  978-3-88100-615-6 | 2,90 EUR® | A5-Heft

École maternelle · Preschool 4–7 J.

- **760** Bloc de maternelle – Je sais déjà faire tout ça ! À partir de 4 ans
  978-3-88100-760-3 | 5,90 EUR® | A5-Block
- **761** Bloc de maternelle – Relier, comparer, trouver des erreurs À partir de 4 ans
  978-3-88100-761-0 | 5,90 EUR® | A5-Block
- **762** Bloc de maternelle – Pensée logique, devinettes et réflexion À partir de 5 ans
  978-3-88100-762-7 | 5,90 EUR® | A5-Block
- **763** Bloc de maternelle – Chiffres et quantités À partir de 5 ans
  978-3-88100-763-4 | 5,90 EUR® | A5-Block
- **730** Preschool block – I can do that! 4 years and up
  978-3-88100-730-6 | 5,90 EUR® | A5-Block
- **731** Preschool block – Comparing, connecting, finding errors 4 years and up
  978-3-88100-731-3 | 5,90 EUR® | A5-Block
- **732** Preschool block – Logical thinking, solving puzzles and tasks 5 years and up
  978-3-88100-732-0 | 5,90 EUR® | A5-Block
- **733** Preschool block – Numbers and quantities 5 years and up
  978-3-88100-733-7 | 5,90 EUR® | A5-Block

Newsletter Fit für die Schule – jetzt gleich anmelden und Gratisheft sichern! hauschkaverlag.de/einschulung

Malblöcke 4 – 6 Jahre

601 Malblock – Indianer, Ritter und Piraten
978-3-88100-601-9 | 4,90 EUR® | A5-Block

602 Malblock – Märchen und Zauberei
978-3-88100-602-6 | 4,90 EUR® | A5-Block

603 Malblock – Notarzt, Polizei und Feuerwehr
978-3-88100-603-3 | 4,90 EUR® | A5-Block

604 Malblock – Ponys und Pferde
978-3-88100-604-0 | 4,90 EUR® | A5-Block

605 Malblock – Tiere im Zoo
978-3-88100-605-7 | 4,90 EUR® | A5-Block

Rätselblöcke 5 – 10 Jahre

630 Rätselblock ab 5 Jahre, Band 1
978-3-88100-630-9 | 5,90 EUR® | A5-Block

636 Rätselblock ab 5 Jahre, Band 2
978-3-88100-636-1 | 5,90 EUR® | A5-Block

631 Rätselblock ab 6 Jahre, Band 1
978-3-88100-631-6 | 5,90 EUR® | A5-Block

637 Rätselblock ab 6 Jahre, Band 2
978-3-88100-637-8 | 5,90 EUR® | A5-Block

632 Rätselblock ab 7 Jahre, Band 1
978-3-88100-632-3 | 5,90 EUR® | A5-Block

638 Rätselblock ab 7 Jahre, Band 2
978-3-88100-638-5 | 5,90 EUR® | A5-Block

633 Rätselblock ab 8 Jahre, Band 1
978-3-88100-633-0 | 5,90 EUR® | A5-Block

639 Rätselblock ab 8 Jahre, Band 2
978-3-88100-639-2 | 5,90 EUR® | A5-Block

634 Rätselblock ab 9 Jahre, Band 1
978-3-88100-634-7 | 5,90 EUR® | A5-Block

640 Rätselblock ab 9 Jahre, Band 2
978-3-88100-640-8 | 5,90 EUR® | A5-Block

635 Rätselblock ab 10 Jahre
978-3-88100-635-4 | 5,90 EUR® | A5-Block

1. Klasse Mathematik und Deutsch

71 Mathe trainieren 1. Klasse
978-3-88100-071-0 | 7,90 EUR® | A5-Heft

81 Tests in Mathe – Lernzielkontr. 1. Klasse
978-3-88100-181-6 | 11,90 EUR® | A4-Heft

501 Erstleseblock – In der Schule ist was los!
978-3-88100-501-2 | 6,90 EUR® | A5-Block

503 Erstleseblock – Tiergeschichten
978-3-88100-503-6 | 6,90 EUR® | A5-Block

504 Erstleseblock – Sportlich, sportlich
978-3-88100-504-3 | 6,90 EUR® | A5-Block

506 Erstleseblock – Quer durchs Jahr
978-3-88100-506-7 | 6,90 EUR® | A5-Block

651 Mathe auf dem Bauernhof 1. Klasse
978-3-88100-651-4 | 7,90 EUR® | A5-Heft

659 Quer durch die 1. Klasse, Richtig schreiben
978-3-88100-659-0 | 7,90 EUR® | A5-Block

660 Quer durch die 1. Klasse, Lesen üben
978-3-88100-660-6 | 7,90 EUR® | A5-Block

661 Quer durch die 1. Klasse, Mathe u. Deutsch
978-3-88100-661-3 | 7,90 EUR® | A5-Block

212 Grammatik 1./2. Klasse
978-3-88100-212-7 | 7,90 EUR® | A5-Heft

251 Rechtschreiben 1. Klasse
978-3-88100-251-6 | 7,90 EUR® | A5-Heft

271 Besser lesen 1. Klasse
978-3-88100-271-4 | 7,90 EUR® | A5-Heft

281 Tests in Deutsch – Lernzielkontrollen 1. Klasse
978-3-88100-281-3 | 11,90 EUR® | A4-Heft

2. Klasse Mathematik und Deutsch

52 Textaufgaben 2. Klasse
978-3-88100-052-9 | 7,90 EUR® | A5-Heft

72 Mathe trainieren 2. Klasse
978-3-88100-072-7 | 7,90 EUR® | A5-Heft

82 Tests in Mathe – Lernzielkontr. 2. Klasse
978-3-88100-082-6 | 11,90 EUR® | A4-Heft

652 Einmaleins Mathematik 2./3. Klasse
978-3-88100-048-2 | 7,90 EUR® | A5-Heft

665 Quer durch die 2./3. Klasse, Das kleine Einmaleins
978-3-88100-665-1 | 7,90 EUR® | A5-Block

662 Quer durch die 2. Klasse, Mathe und Deutsch
978-3-88100-662-0 | 7,90 EUR® | A5-Block

212 Grammatik 1./2. Klasse
978-3-88100-212-7 | 7,90 EUR® | A5-Heft

221 Aufsatz Deutsch 2. Klasse
978-3-88100-221-9 | 7,90 EUR® | A5-Heft

242 Rechtschreiben und Diktate 2. Klasse
978-3-88100-242-4 | 7,90 EUR® | A5-Heft

272 Besser lesen 2. Klasse
978-3-88100-272-1 | 7,90 EUR® | A5-Heft

282 Tests in Deutsch – Lernzielkontr. 2. Klasse
978-3-88100-282-0 | 11,90 EUR® | A4-Heft

292 Lesetests in Deutsch – Lernzielkontrollen 2. Klasse
978-3-88100-292-9 | 11,90 EUR® | A4-Heft

3. Klasse — Mathematik, Deutsch, Englisch und Sachunterricht

- **53** Textaufgaben 3. Klasse
  978-3-88100-053-6 | 7,90 EUR® | A5-Heft
- **73** Mathe trainieren 3. Klasse
  978-3-88100-073-4 | 7,90 EUR® | A5-Heft
- **83** Tests in Mathe – Lernzielkontrollen 3. Klasse
  978-3-88100-083-3 | 11,90 EUR® | A4-Heft
- **652** Einmaleins Mathematik 2./3. Klasse
  978-3-88100-048-2 | 7,90 EUR® | A5-Heft
- **653** Mathe-Abenteuer 3. Klasse: Im Mittelalter
  978-3-88100-653-8 | 7,90 EUR® | A5-Heft
- **665** Quer durch die 2./3. Klasse, Das kleine Einmaleins
  978-3-88100-665-1 | 7,90 EUR® | A5-Block
- **663** Quer durch die 3. Klasse, Mathe und Deutsch
  978-3-88100-663-7 | 7,90 EUR® | A5-Block
- **213** Grammatik 3. Klasse
  978-3-88100-213-4 | 7,90 EUR® | A5-Heft
- **222** Aufsatz Deutsch 3. Klasse
  978-3-88100-222-6 | 7,90 EUR® | A5-Heft
- **243** Diktate Deutsch 3./4. Klasse
  978-3-88100-243-1 | 7,90 EUR® | A5-Heft
- **253** Rechtschreiben und Diktate 3. Klasse
  978-3-88100-253-0 | 7,90 EUR® | A5-Heft
- **273** Besser lesen 3. Klasse
  978-3-88100-273-8 | 7,90 EUR® | A5-Heft
- **283** Tests in Deutsch – Lernzielkontr. 3. Klasse
  978-3-88100-283-7 | 11,90 EUR® | A4-Heft
- **293** Lesetests in Deutsch – Lernzielkontr. 3. Kl.
  978-3-88100-293-6 | 11,90 EUR® | A4-Heft
- **403** Tests im Sachunterricht – Lernzielkontr. 3. Kl.
  978-3-88100-403-9 | 11,90 EUR® | A4-Heft
- **311** Mein buntes Vokabelheft. Englisch 3./4. Kl.
  978-3-88100-045-1 | 7,90 EUR® | A5-Heft
- **673** Quer durch die 3. Klasse, Englisch
  978-3-88100-673-6 | 7,90 EUR® | A5-Block

4. Klasse — Mathematik, Deutsch, Englisch und Sachunterricht

- **19** Textaufgaben 4. Klasse
  978-3-88100-019-2 | 7,90 EUR® | A5-Heft
- **74** Mathe trainieren 4. Klasse
  978-3-88100-074-1 | 7,90 EUR® | A5-Heft
- **84** Tests in Mathe – Lernzielkontr. 4. Klasse
  978-3-88100-084-0 | 11,90 EUR® | A4-Heft
- **99** Fit zum Übertritt – Mathe 4. Klasse
  978-3-88100-099-4 | 11,90 EUR® | A4-Heft
- **664** Quer durch die 4. Klasse, Mathe und Deutsch
  978-3-88100-664-4 | 7,90 EUR® | A5-Block
- **214** Grammatik 4. Klasse
  978-3-88100-214-1 | 7,90 EUR® | A5-Heft
- **223** Aufsatz Deutsch 4. Klasse
  978-3-88100-223-3 | 7,90 EUR® | A5-Heft
- **224** Bildergeschichte. Aufsatz 4./5. Klasse
  978-3-88100-224-0 | 7,90 EUR® | A5-Heft
- **225** Erlebniserzählung. Aufsatz 4./5. Klasse
  978-3-88100-225-7 | 7,90 EUR® | A5-Heft
- **243** Diktate Deutsch 3./4. Klasse
  978-3-88100-243-1 | 7,90 EUR® | A5-Heft
- **254** Rechtschreiben und Diktate 4. Klasse
  978-3-88100-254-7 | 7,90 EUR® | A5-Heft
- **274** Besser lesen 4. Klasse
  978-3-88100-274-5 | 7,90 EUR® | A5-Heft
- **284** Tests in Deutsch – Lernzielkontrollen 4. Klasse
  978-3-88100-284-4 | 11,90 EUR® | A4-Heft
- **294** Lesetests in Deutsch – Lernzielkontrollen 4. Klasse
  978-3-88100-294-3 | 11,90 EUR® | A4-Heft
- **299** Fit zum Übertritt – Deutsch 4. Klasse
  978-3-88100-299-8 | 11,90 EUR® | A4-Heft
- **404** Tests im Sachunterricht – Lernzielkontrollen 4. Klasse
  978-3-88100-404-6 | 11,90 EUR® | A4-Heft
- **311** Mein buntes Vokabelheft. Englisch 3./4. Klasse
  978-3-88100-045-1 | 7,90 EUR® | A5-Heft
- **674** Quer durch die 4. Klasse, Englisch
  978-3-88100-674-3 | 7,90 EUR® | A5-Block

Fit für jede Klassenarbeit!

Weiterführende Schulen
Mathematik, Deutsch und Englisch

- **24** Bruchrechnen ab 6. Klasse
  978-3-88100-024-6 | 7,90 EUR® | A5-Heft
- **44** Flächenberechnung – Umfang und Fläche von Rechteck u. Quadrat
  978-3-88100-044-4 | 7,90 EUR® | A5-Heft
- **60** Textaufgaben Mittel-/Hauptschule 5. Kl.
  978-3-88100-060-4 | 7,90 EUR® | A5-Heft
- **65** Prozentrechnen 6.–9. Klasse
  978-3-88100-065-9 | 7,90 EUR® | A5-Heft
- **155** Rechnen u. Textaufgaben – Gymnasium 5. Klasse
  978-3-88100-155-7 | 7,90 EUR® | A5-Heft
- **156** Rechnen u. Textaufgaben – Gymnasium 6. Klasse
  978-3-88100-156-4 | 7,90 EUR® | A5-Heft
- **165** Rechnen u. Textaufgaben – Realschule 5. Klasse
  978-3-88100-165-5 | 7,90 EUR® | A5-Heft
- **215** Grammatik 5.–7. Klasse
  978-3-88100-215-8 | 7,90 EUR® | A5-Heft
- **224** Bildergeschichte. Aufsatz 4./5. Klasse
  978-3-88100-224-0 | 7,90 EUR® | A5-Heft
- **225** Erlebniserzählung. Aufsatz 4./5. Klasse
  978-3-88100-225-7 | 7,90 EUR® | A5-Heft
- **226** Bericht. Aufsatz 5.–7. Klasse
  978-3-88100-226-4 | 7,90 EUR® | A5-Heft
- **228** Inhaltsangabe. Aufsatz 7.–9. Klasse
  978-3-88100-228-8 | 7,90 EUR® | A5-Heft
- **230** Erörterung. Aufsatz 8.–11. Klasse
  978-3-88100-230-1 | 7,90 EUR® | A5-Heft
- **245** Diktate 5./6. Klasse
  978-3-88100-245-5 | 7,90 EUR® | A5-Heft
- **260** Rechtschreibtraining ab 5. Klasse/Erw.
  978-3-88100-046-8 | 7,90 EUR® | A5-Heft
- **261** Zeichensetzung ab 6. Klasse/Erwachsene
  978-3-88100-047-5 | 7,90 EUR® | A5-Heft
- **301** Present: Progressive & Simple Englisch 5. Klasse
  978-3-88100-301-8 | 7,90 EUR® | A5-Heft
- **303** Frage und Verneinung. Englisch ab 6. Klasse und für Erwachsene
  978-3-88100-303-2 | 7,90 EUR® | A5-Heft
- **305** Simple Past & Present Perfect. Englisch ab 6. Klasse und für Erwachsene
  978-3-88100-305-6 | 7,90 EUR® | A5-Heft
- **321** Wichtige Grammatikbereiche. Englisch 5. Klasse
  978-3-88100-321-6 | 7,90 EUR® | A5-Heft
- **322** Wichtige Grammatikbereiche. Englisch 6. Klasse
  978-3-88100-322-3 | 7,90 EUR® | A5-Heft
- **323** Wichtige Grammatikbereiche. Englisch 7. Klasse
  978-3-88100-323-0 | 7,90 EUR® | A5-Heft
- **341** Diktate und Übersetzungen. Englisch 5. Klasse
  978-3-88100-341-4 | 7,90 EUR® | A5-Heft

Grundschule Hausaufgabenheft

- **700** Hausaufgabenheft
  978-3-88100-700-9 |
  3,90 EUR | 4,00 EUR [A] | 4.70 CHF | A5-Heft

Nonbook
Doggys kunterbunte Kisten

Doggys Schatzkiste
EAN 4260689980024   UVP 24,90 EUR

Doggys Pausenkiste
EAN 4260689980017   UVP 17,90 EUR

Qualität durch mehr als 45 Jahre Erfahrung

- gezielt fördern
- selbstständig lernen
- motiviert üben und wiederholen
- von Kindern getestet

gemeinsam wachsen lernen
hauschkaverlag

Lilienthalstr. 1 · 82178 Puchheim · hauschkaverlag.de

55 Von Molli lernen wir wichtige Regeln.

56 Hase   Spinne   Esel   Käfer

57

— • — • •

— • • — —

Übe fleißig weiter, dann bist du bald ein Rechtschreibkönig!

Lösungen

58

kurz gesprochenes e	lang gesprochenes e
Messer	Regen
Teppich	Besen
Bett	Reh
Schnecke	Esel
Ente	Schere

59 Fuchs, bohren, klar, kratzen, Hut, Müll, Schall, Kamm, wiegen, Strom, strampeln, Glück

60

61 Puppe, S. 87, Koffer, S. 85, Bagger, S. 81,

Schlüssel, S. 88, Roller, S. 88, Ball, S. 81,

Brille, S. 82, Schnuller, S. 88, Löffel, S. 86

62 beten, Betten, Hasen, hassen, Ofen, offen, raten, Ratten, Schal, Schall

63

langer Vokal	kurzer Vokal
beten	**Betten**
Hasen	**hassen**
Ofen	**offen**
raten	**Ratten**
Schal	**Schall**

64

Nomen	Verb
die Bitte	**bitten**
der Gewinn	**gewinnen**
der Kamm	**kämmen**

65 Die Sonne war längst untergegangen. Es wurde bitterkalt. Die Raben versammelten sich zum Schlafen auf ihrem Baum. Am Himmel stand der bleiche Mond. Nur der Fuchs lief noch durch den Wald. Er war auf der Suche nach Fressen. Der kleine Fritz schlief schon in seinem warmen Bett. Er hatte es schön.

66 Kamm – kämmen, schwimmen – Schwimmflügel, Hoffnung – hoffentlich, Fluss – flüssig, küssen – Kuss, Kletterseil – klettern, fressen – Fressnapf

67 pas-, hof-, begin-, schüt- → -teln, -nen, -fen, -sen

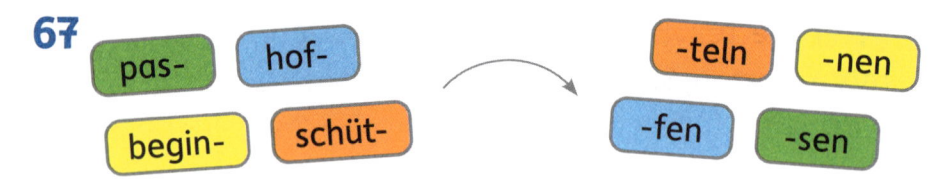

passen, schütteln, beginnen, hoffen

68 Vater schüttelt die Pflaumen vom Baum.
Um 8 Uhr beginnt der Unterricht in der Schule.
Lisa hofft auf eine gute Note in der Probe.
Julia passt das rote Kleid.

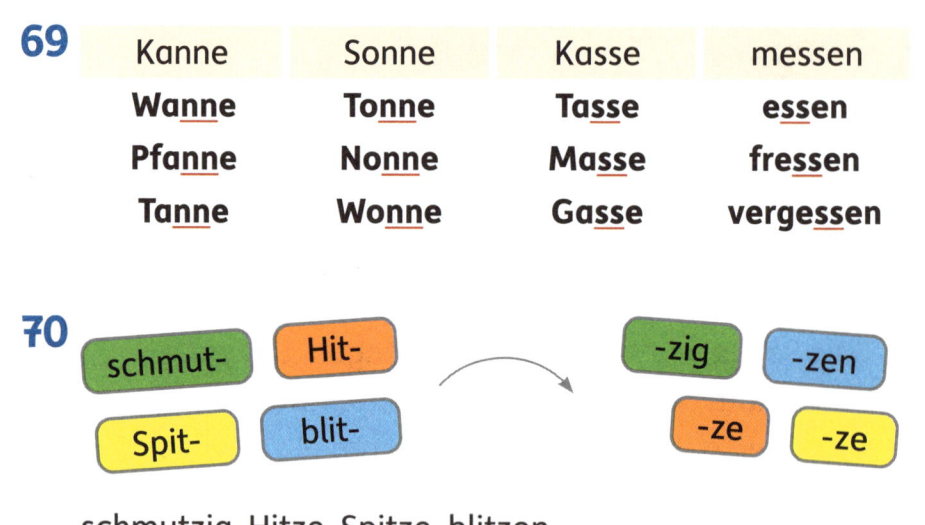

69

Kanne	Sonne	Kasse	messen
Wanne	Tonne	Tasse	essen
Pfanne	Nonne	Masse	fressen
Tanne	Wonne	Gasse	vergessen

70 schmut-, Hit-, Spit-, blit- → -zig, -zen, -ze, -ze

schmutzig, Hitze, Spitze, blitzen

71 nützlich – Nutzwald – nützen – Nutztiere – Nutzen
verschmutzen – schmutzig – Schmutzfink – beschmutzen
Schutz – schützen – Polizeischutz – Schutzengel
Sitzkreis – sitzt – Hochsitz – Sitzkissen

72 bese<u>tz</u>t, Bli<u>tz</u>, Gese<u>tz</u>, hi<u>tz</u>ig, Ka<u>tz</u>e, nü<u>tz</u>en, Pla<u>tz</u>, plö<u>tz</u>lich, Sa<u>tz</u>, schwi<u>tz</u>en, si<u>tz</u>en, Spi<u>tz</u>e, zule<u>tz</u>t

73 die Blitze, die Gesetze, die Katzen, die Plätze, die Sätze, die Spitzen, die Verletzungen

74 Mit ihren **Tatzen kratzen Katzen** gerne.

Am Tag ist große **Hitze**, abends leuchten **Blitze**.

Zuletzt war jeder Wagen voll **besetzt**.

In der Schule **sitzen**, den Bleistift **spitzen**, dann beim Probeaufsatz **schwitzen**, doch draußen sieht man Schwalben **flitzen**.

75
Stock	**Rock**	eckig	**dreckig**
pflücken	**drücken**	Zweck	**Schreck**
Glück	**Stück**	backen	**packen**

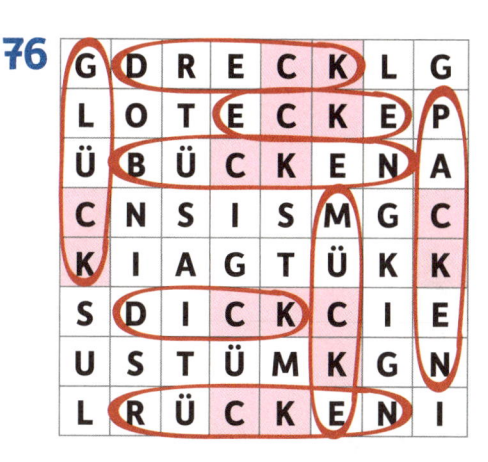

76

G	D	R	E	C	K	L	G
L	O	T	E	C	K	E	P
Ü	B	Ü	C	K	E	N	A
C	N	S	I	S	M	G	C
K	I	A	G	T	Ü	K	K
S	D	I	C	K	C	I	E
U	S	T	Ü	M	K	G	N
L	R	Ü	C	K	E	N	I

– <u>D</u>reck
– <u>E</u>cke
– <u>b</u>ücken
– <u>d</u>ick
– <u>R</u>ücken
– <u>G</u>lück
– <u>M</u>ücke
– <u>p</u>acken

Lösungen

77 Papa will mit dem Auto über die Donau fahren.
Auf der Karte sucht er eine **Brücke**.
Brot kaufen meine Eltern nur beim **Bäcker**.
Wer im Lotto gewinnen will, braucht **Glück**.
Regeln schreibe ich ins Heft, Übungen auf den **Block**.

78

Einzahl	Mehrzahl
der Bäcker	die Bäcker
der Block	die Blöcke
die Spitze	die Spitzen
der Blick	die Blicke
der Witz	die Witze
die Ecke	die Ecken
der Blitz	die Blitze

79

Zahn **Stuhl** **Kuh**

Höhle **Ohr** **Uhr**

Reh **Schuh** **Fahne**

Nur bei **Kü-he**, **Re-he** und **Schu-he** hörst du das h.

80 Za**h**n Draht Za**h**l
Bahn **Na**h**t** **Strahl**

81 Zähne Drähte Zahlen
Bahnen Nähte Strahlen

82 ähnlich, ohne, rühren, Mehl

83 Ein Kamel, das frisst kein **Mehl**.
Das sieht ihm nämlich **ähnlich**.
Mit Zitrone? Nein, bitte **ohne**.
Willst du deine Glieder spüren, musst du dich **rühren**.

84 fröhlich, Frühling, kühl, Lehrer, Mehl,
ohne, sehr, während

85 Max **erzählte** ein **Erlebnis**: „Eines Tages **fuhren** wir mit dem **Boot** weit auf den See hinaus. Die **Hitze** war unerträglich und Julia sagte: „Ich muss mich **abkühlen**." Sie sprang ins Wasser. Lea wollte auch, aber sie traute sich nicht. „Du solltest dir ein **Beispiel** an Julia **nehmen**", sagte ich. „Wir müssen **umkehren**, ein **Gewitter** kommt", sagte Lea. Das war eine Ausrede, aber sie hatte trotzdem recht. Bald zogen dunkle Wolken auf. Plötzlich begann es, zu blitzen und zu donnern, und noch immer **fehlten** einige hundert **Meter** bis zum rettenden Ufer. Wie glücklich waren wir, als wir den **Bauernhof**, wo wir **wohnten**, erreicht hatten."

86

ah	eh
Nahrung	ehrlich
Draht	Fehler
Gefahr	mehr

üh	äh
Gefühl	ungefähr
rühren	ernähren

87
Lehrer	**lehren**	Gefühl	**fühlen**
Fehler	**fehlen**	Führung	**führen**
Zahl	**zahlen**	Lohn	**lohnen**
Bohrer	**bohren**	Erzählung	**erzählen**

88
nehmen: **übernehmen, abnehmen, nahm**
holen: **holte, Abholung, überholen**
strömen: **Strom, Strompreis, Strömung**
hohl: **aushöhlen, Hohlraum, Höhle**

89 Kaffeetasse, Kaffeekanne, Kaffeelöffel, Teekanne, Teesieb, Teetasse, Teelöffel, Seeigel, Seefisch, Schneehase, Schneebesen, Schneeball, Meerschwein, Meeresfisch

90 1. **Saal** 2. **Fee** 3. **Boot**

91 ETEB **Beet**   RAAH **Haar**
SEPER **Speer**   OZO **Zoo**
OROM **Moor**   WAEGA **Waage**

92 Im Garten zwitschern ein **p**aar Sperlinge. Ein **p**aar Kinder tollen herum. Sie haben ihre Schuhe ausgezogen und sie nebeneinander aufgestellt, ein **P**aar ordentlich neben dem anderen. Etwas später bringt Mutter den Kindern etwas zu essen: Brötchen und für jeden ein **P**aar Frankfurter Würstchen.

93 bl<u>o</u>ß – <u>au</u>ßen – gr<u>ü</u>ßen

94 be**grüß**en, **bloß**stellen, dr**auß**en

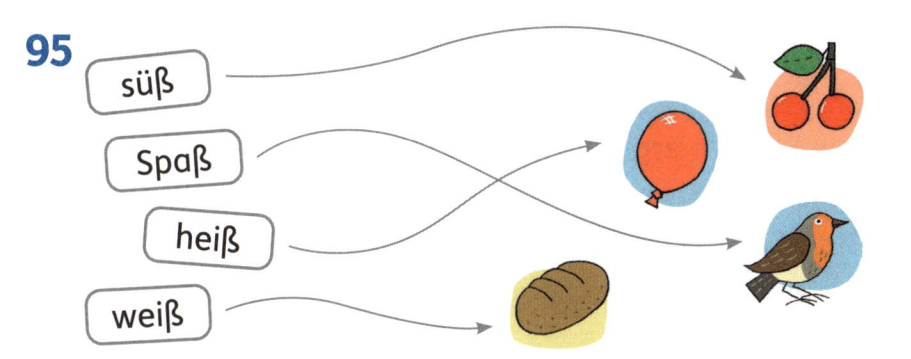

95

Süßkirsche, **S**paßvogel, **H**eißluftballon, **W**eißbrot

96 Manche Hunde **beißen**,
Riemen können **reißen**,
Blumen muss man **gießen**,
Türen soll man **schließen**,
wenn's weh tut, dürfen Tränen **fließen**.

97
der Strauß	**die Sträuße**
das Maß	**die Maße**
der Spaß	**die Späße**
der Fuß	**die Füße**
der Gruß	**die Grüße**
die Straße	**die Straßen**

98
schwarz	**weiß**	faul	**fleißig**
drinnen	**draußen**	öffnen	**schließen**
sauer	**süß**	innen	**außen**

99 Viele Blumen ergeben einen **Strauß**.
Autos fahren auf der **Straße**.
„Guten Tag" ist ein **Gruß**.
Auf der Wasserrutsche dahinsausen macht **Spaß**.

100 Fuß: **Fußbad, barfuß, Fußabstreifer, Pferdefuß**
Spaß: **spaßhaft, Spaßmacher, spaßen, Riesenspaß**

101 er saß, er aß, sie fraß, er vergaß

102

	1	D	V	D			
	2	V	A	T	E	R	
3	V	U	L	K	A	N	
	4	S	E	R	V	I	E	T	T	E
			5	K	L	A	V	I	E	R
		6	V	I	E	L	
			7	N	E	R	V	Ö	S
		8	N	O	V	E	M	B	E	R
9	V	I	O	L	I	N	E	
10	V	I	R	U	S		

Lösungswort: **Vanilleeis**

103 verbrennen, vorzeigen, vorsingen, verbrauchen, verpacken, verbieten, vorwärmen

104 Vergebung, Verzweiflung, Verbrennung, Verpackung, Verurteilung, Vertreibung, Verlobung

105

V/v wie **f** gesprochen	**V/v** wie **w** gesprochen
Vogel	**Violine**
vielleicht	**Lava**
Vorfahrt	**Vase**
voll	**Villa**
vier	**nervös**
vergessen	**Video**

106

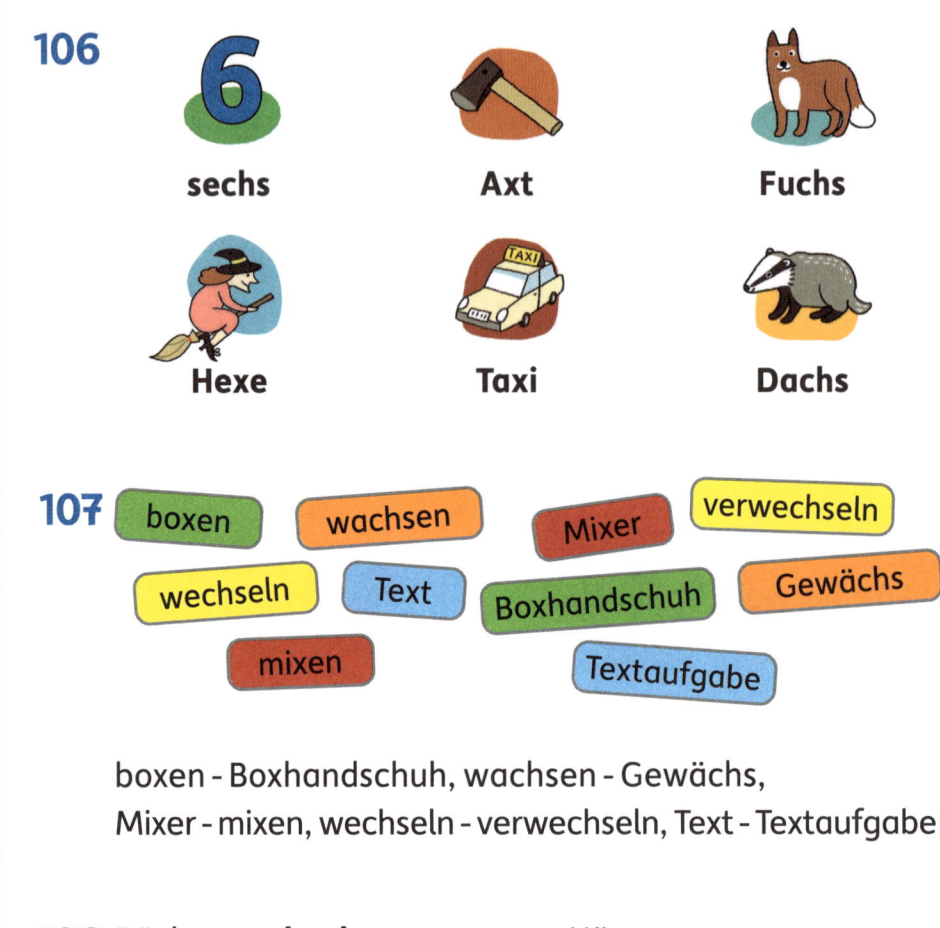

sechs   Axt   Fuchs

Hexe   Taxi   Dachs

107 boxen, wachsen, Mixer, verwechseln, wechseln, Text, Boxhandschuh, Gewächs, mixen, Textaufgabe

boxen – Boxhandschuh, wachsen – Gewächs,
Mixer – mixen, wechseln – verwechseln, Text – Textaufgabe

108

Bäcker	**backen**	Nässe	**nass**
Käse	**Käse**	spät	**spät**
Käfer	**Käfer**	Rätsel	**raten**
Lärm	**Lärm**	Käfig	**Käfig**
ängstlich	**Angst**	schräg	**schräg**
Säge	**Säge**	mähen	**mähen**
März	**März**	kräftig	**Kraft**
während	**während**	Bär	**Bär**
Mädchen	**Mädchen**	Nähe	**nah**
Träne	**Träne**	Märchen	**Märchen**

109 Christen glauben an die **Bibel**.
Im **Kino** läuft ein schöner Film.
Ein **Kilo** ist soviel wie 1000 Gramm.
Mit dem **Lid** verschließen wir das Auge.
Eltern und Kinder bilden zusammen eine **Familie**.
Statt Butter kannst du auch **Margarine** auf dein Brot streichen.

110 Igel, Krokodil, Tiger, Biber, Nilpferd

111 Apfelsine, Maschine, Lawine, Ruine
Medizin, Benzin, Termin, Vitamin

112

1	K	E	T	C	H	U	P		
2	T	H	E	A	T	E	R		
			3	C	L	O	W	N	
		4	S	P	A	G	H	E	T	T	I
	5	I	N	T	E	R	E	S	S	E
			6	H	A	N	D	Y	
		7	K	O	M	P	A	S	S
8	I	N	F	O	R	M	A	T	I	O	N

Lösungswort: **Programm**
Ketchup, Theater, Clown, Spaghetti, Interesse, Handy, Kompass, Information, Programm

113 **Ärztin**
Dachdecker
Bäcker

114 **Strauß**
Seepferdchen
Tiger
Dachs

115 Warum sind **H**unde oft böse auf **B**riefträger?
▶ **Antwort**: Weil sie nie Post bekommen.

116 **drücken**
ich **drücke**
er **drückt**

der Hahn
die **Hähne**

ehrlich
der **ehrliche** Finder

ihr
er winkt **ihr**

Wörter mit ck

> Auch **Vokale** oder **Umlaute** vor **ck** sprichst du **kurz**.
> Beim Trennen bleibt **ck** erhalten:
> dre-**ck**ig, pa-**ck**en.

75 Reime.

Stock	R_____	eckig	dr_____
pflücken	dr_____	Zweck	Schr_____
Glück	St_____	backen	p_____

76 Markiere im Wörtergitter jedes ck.

G	D	R	E	C	K	L	G
L	O	T	E	C	K	E	P
Ü	B	Ü	C	K	E	N	A
C	N	S	I	S	M	G	C
K	I	A	G	T	Ü	K	K
S	D	I	C	K	C	I	E
U	S	T	Ü	M	K	G	N
L	R	Ü	C	K	E	N	I

▶ Suche jetzt waagerecht und senkrecht **8** Wörter mit **ck**.

▶ Schreibe sie auf die Zeilen. Achte auf Groß- und Kleinschreibung.

77 Setze die fehlenden Wörter mit **ck** in die Rätselsätze ein.

Papa will mit dem Auto über die Donau fahren.

Auf der Karte sucht er eine _____.

Brot kaufen meine Eltern nur beim _____.

Wer im Lotto gewinnen will, braucht G_____.

Regeln schreibe ich ins Heft, Übungen auf den _____.

78 Molli hat **Nomen** mit **ck** und **tz** im Gepäck. Schreibe Einzahl und Mehrzahl mit Artikel in die Tabelle.

Bäcker, Block, Spitze, Blick, Witz, Ecke, Blitz

Einzahl	Mehrzahl
der Bäcker	die Bäcker

Der sprechende Esel

Als Till Eulenspiegel in einer anderen Stadt ankam, hatten es die Leute satt, immer auf ihn hereinzufallen. Sie fragten ihn: „Stimmt es, dass du einem Esel das Lesen beibringen kannst?" „Gewiss, aber ihr müsst mir 500 Taler dafür zahlen. Einen Teil der Summe schon jetzt." Eulenspiegel begann sofort mit dem Tier zu üben. Er legte ein Buch in eine Futterkrippe und zwischen die Seiten Hafer. Um an das leckere Futter zu kommen, lernte der Esel, mit seinem Maul umzublättern. Nach einiger Zeit bestellte Eulenspiegel die Leute in den Stall, hatte aber dem Tier vorher kein Futter gegeben. Der Esel, dem der Hafer so gut geschmeckt hatte, schlug die Seiten um, konnte aber kein Fressen entdecken. Da schrie er bitterböse: „I-a. I-a." Eulenspiegel blickte die Männer an und sagte: „Hört ihr? Zwei Buchstaben hat er schon gelernt. Morgen beginne ich mit E und O." Doch als die Männer wieder zu Eulenspiegel kamen, war der zu seinem Glück schon über alle Berge.
(163 Wörter)

Merkwörter

Manche Wörter musst du dir gut merken. Sie haben alle eine Stelle, bei der du besonders **gut aufpassen** musst.

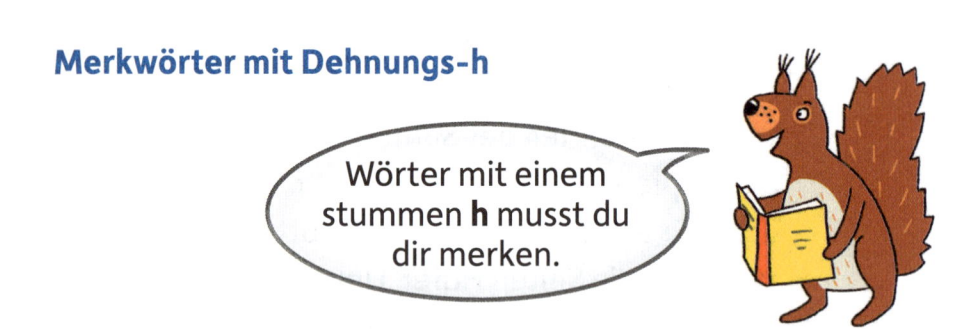

Merkwörter mit Dehnungs-h

Wörter mit einem stummen **h** musst du dir merken.

79 Sage **laut** in der **Mehrzahl**, was du auf den Bildern siehst: Bei drei Wörtern **hörst** du ein **h**. Wenn du **kein h** hörst, ist es ein **stummes h**. Schreibe die Wörter richtig darunter.

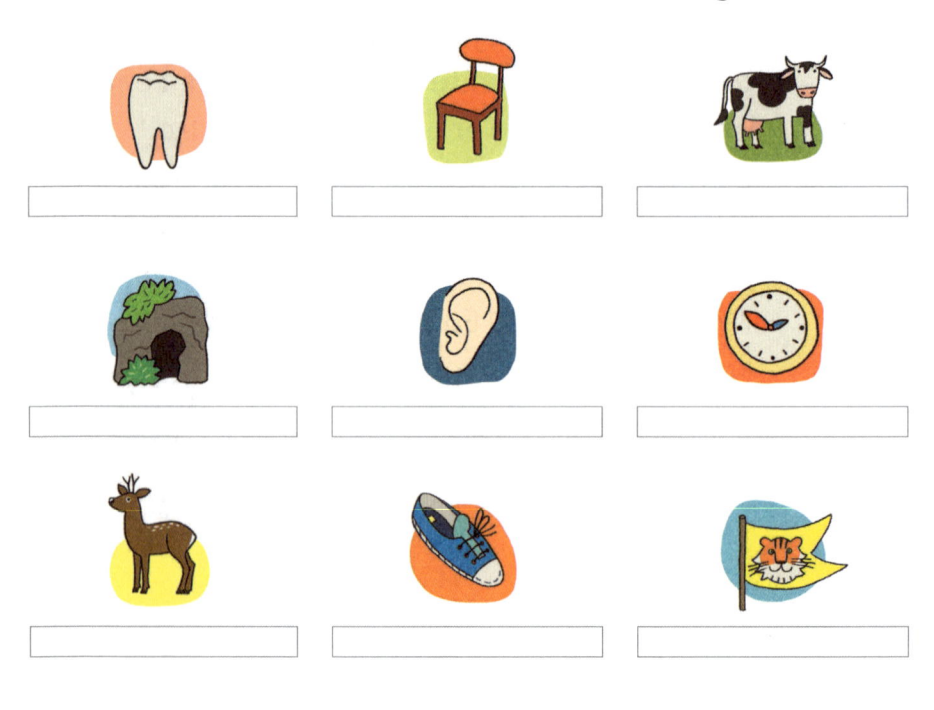

80 Suche die Reimwörter.
Markiere den **langen** Vokal und das stumme **h**.

Zahn	Draht	Zahl
B	N	Str

81 Schreibe die **6** Wörter von Aufgabe **80** in der **Mehrzahl** auf.

Z	D	
B		

82 Merke dir diese Wörter mit stummem **h**.
Fahre sie nach!
Schreibe die Wörter nochmals auf deinen Block.

ähnlich   ohne   rühren   Mehl

83 Schreibe die Wörter von oben so in die Lücken,
dass sie sich reimen.

Ein **Kamel**, das frisst kein _____ .

Das sieht ihm **nämlich** _____ .

Mit **Zitrone**? Nein, bitte _____ .

Willst du deine Glieder **spüren**,

musst du dich _____ .

84 Ordne die Wörter mit stummem **h** nach dem **Abc**.

> Frühling, kühl, sehr, fröhlich, Mehl, während, Lehrer, ohne

---

---

85 Setze die **Verben** und **Nomen** passend in die folgende Geschichte ein. Schreibe in der **1. Vergangenheit**.

> fehlen, wohnen, ~~erzählen~~, fahren, abkühlen, nehmen, umkehren

> Erlebnis, Bauernhof, Boot, Hitze, Beispiel, Meter, Gewitter

Max **erzählte** ein Er_____: „Eines Tages fu_____ wir mit dem _____ weit auf den See hinaus. Die H_____ war unerträglich und Julia sagte: „Ich muss mich _____." Sie sprang ins Wasser. Lea wollte auch, aber sie traute sich nicht. „Du solltest dir ein _____ an Julia _____", sagte ich. „Wir müssen _____, ein ▭ kommt", sagte Lea. Das war eine Ausrede, aber sie hatte trotzdem recht. Bald zogen dunkle Wolken auf. Plötzlich begann es, zu blitzen und zu donnern, und noch immer ▭ einige hundert ▭ bis zum rettenden Ufer. Wie glücklich waren wir, als wir den ▭, wo wir ▭, erreicht hatten."

86 Schreibe die Wörter mit **Dehnungs-h** auf den richtigen Zettel.

ehrlich, Gefühl, Fehler, Nahrung, ungefähr, mehr, Draht, ernähren, rühren, Gefahr

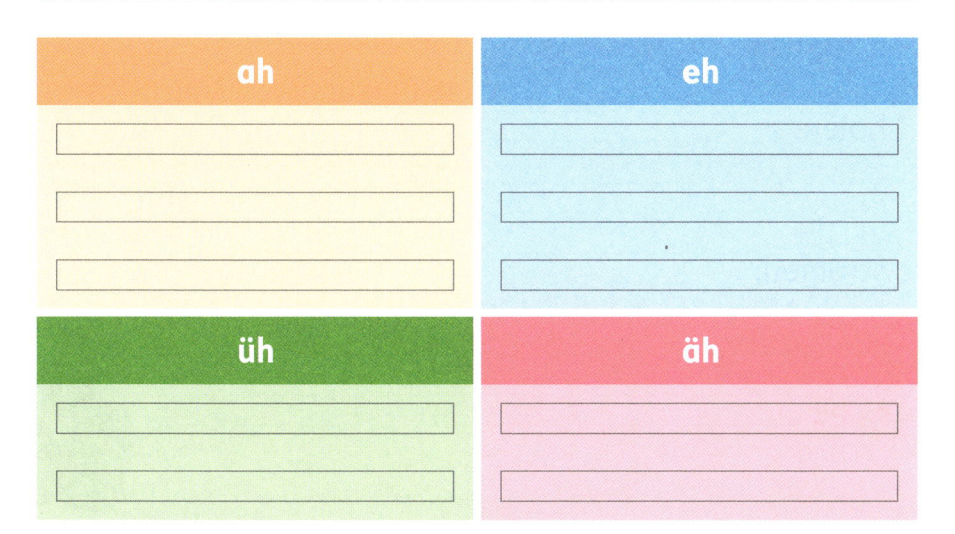

ah	eh

üh	äh

87 Bilde zu jedem **Nomen** das dazugehörige **Verb**.

Lehrer ☐   Gefühl ☐

Fehler ☐   Führung ☐

Zahl ☐   Lohn ☐

Bohrer ☐   Erzählung ☐

88 Ordne die Wörter ihren **Wortfamilien** zu. Jedes Wort hat einen **lang** gesprochenen Vokal. Bei **zwei** Wörtern folgt ein **Dehnungs-h**, bei **zwei** Wörtern **nicht**. Diese musst du dir besonders merken.

> aushöhlen, Strom, Hohlraum, übernehmen, Strompreis, holte, Abholung, abnehmen, Höhle, Strömung, nahm, überholen

nehmen: ☐

☐

holen: ☐

☐

strömen: ☐

☐

hohl: ☐

☐

Merkwörter mit doppelten Vokalen

> Es gibt Wörter mit **doppelten Vokalen** (aa, ee, oo). Diese musst du dir gut merken.

89 Bilde aus den Wörtern und Bildern so viele **zusammengesetzte Nomen** wie möglich.

> Kaffee, Tee, See, Schnee, Meer

Kaffeetasse,

90 Findest du die **3** Wörter mit **aa**, **ee** und **oo**?

1. Großer Raum, in dem sich viele Menschen versammeln können, um einen Vortrag oder Musik zu hören.
2. Weibliches Märchenwesen, das zaubern kann.
3. Kleines Wasserfahrzeug, das meist offen ist.

1. S_____   2. _____   3. _____

91 Hier wurden die Buchstaben vertauscht.
Schreibe die Wörter richtig auf.
Alle haben einen **doppelten Vokal**.

ETEB _____   RAAH _____
SEPER _____   OZO _____
OROM _____   WAEGA _____

92 Unterscheide:
ein **P**aar Schuhe (zwei), aber: ein **p**aar Mützen (einige).
Setze ein: **P** oder **p**.

Im Garten zwitschern ein __aar Sperlinge.
Ein __aar Kinder tollen herum. Sie haben ihre Schuhe ausgezogen und sie nebeneinander aufgestellt, ein __aar ordentlich neben dem anderen. Etwas später bringt Mutter den Kindern etwas zu essen: Brötchen und für jeden ein __aar Frankfurter Würstchen.

Warum wackelt der Milchzahn?

Emil findet es doof, dass ihm allmählich Zähne ausfallen. Wenn sich ein paar Haare verabschieden, dann macht ihm das ehrlich nichts aus. Aber warum fangen Zähne plötzlich an zu wackeln?
Er hat eine Idee: Er wird die Lehrerin fragen. Sie müsste es wissen. Schade, sie wird es ihm erst später sagen, weil sie gerade Fehler sucht. Vielleicht erfährt Emil mehr im Internet. Leider nicht, Fehlanzeige. Seine Fröhlichkeit lässt nach, er setzt sich in den Fernsehstuhl. Und er sieht die Sendung mit der Maus. Seine Neugier wird belohnt. Milchzähne haben eine Wurzel und in die Wurzel hinein wächst der bleibende Zahn. Aber Emils Milchzähne kommen ohne Wurzel aus der Mundhöhle. Und plötzlich erfährt er es in der Sendung: Fresszellen aus seinem Blut haben sich über die Wurzel hergemacht, sich von ihr ernährt. Toll! Emil ist begeistert.
(139 Wörter)

Merkwörter mit ß

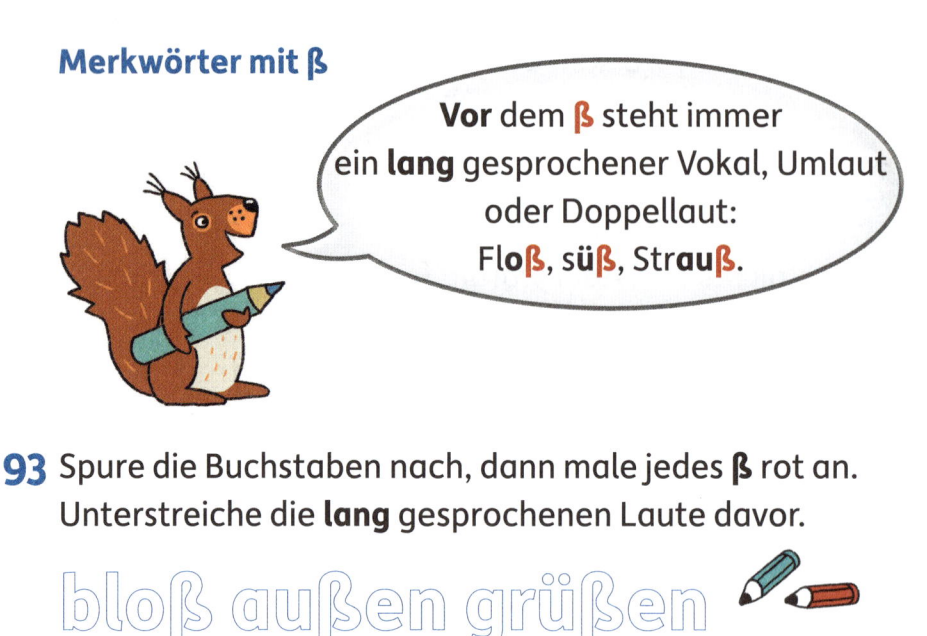

*Vor dem ß steht immer ein lang gesprochener Vokal, Umlaut oder Doppellaut: Fl**o**ß, s**ü**ß, Str**au**ß.*

93 Spure die Buchstaben nach, dann male jedes **ß** rot an. Unterstreiche die **lang** gesprochenen Laute davor.

bloß außen grüßen

94 In welche Lücke passt jedes der drei Wörter?

be _____   _____ stellen
dr _____

95 Verbinde jedes Wort mit einem passenden Bild zu einem **zusammengesetzten Nomen**.

Spaß   süß
heiß   weiß

96 Kannst du die fehlenden **Reimwörter** ergänzen?

Manche Hunde b_____,

Riemen können r_____,

Blumen muss man g_____,

Türen soll man _____,

wenn's weh tut, dürfen Tränen _____.

97 Setze die Nomen in die **Mehrzahl**.

der Strauß _____

das Maß _____

der Spaß _____

der Fuß _____

der Gruß _____

die Straße _____

98 Schreibe jeweils das **Gegenteil** auf.
Verbessere mit Hilfe der Wörterliste.

schwarz _____   faul _____

drinnen _____   öffnen _____

sauer _____   innen _____

99 Trage die fehlenden Wörter mit **ß** richtig ein.

Viele Blumen ergeben einen ⬜.

Autos fahren auf der ⬜.

„Guten Tag" ist ein ⬜.

Auf der Wasserrutsche dahinsausen macht ⬜.

100 Ordne die Wörter den Wortfamilien **Fuß** und **Spaß** zu. Schreibe auf den Block.

> Fußbad, spaßhaft, Spaßmacher, barfuß, spaßen, Fußabstreifer, Riesenspaß, Pferdefuß

Manchmal verändern sich **s-Laute**. Aus **ss** kann **ß** werden und umgekehrt: Er lä**ss**t - lie**ß**.

101 Schreibe nur die **fett** gedruckten Verben mit dem Pronomen **er (sie)** in der **1. Vergangenheit** auf.
Sieh in der Wörterliste nach, ob du Fehler gemacht hast.

> Paul **sitzt** vor seinem Müsli. Er **isst** nicht weiter, denn er beobachtet die frühstückende Kohlmeise vor seinem Fenster. Sie **frisst** Pauls Erdnusskerne. Er **vergisst** sein Müsli, so sehr gefällt ihm der kleine Sänger.

er s

Merkwörter mit V/v

Wörter mit **V/v** musst du dir **merken**.

Vater sagt: „Im November isst man kein Vanilleeis."
Ich sage: „Ich werde ganz nervös ohne Vanilleeis. Mir ist heiß wie in einem Vulkan." „Unsinn. Übe Klavier oder Violine, das beruhigt. Iss lieber viel Obst, sonst befällt dich ein Virus und du bekommst Schnupfen. Nimm eine Serviette." Ich sage: „Ich sehe mir lieber eine DVD an."

102 Löse mit Hilfe des **Textes** oben das Kreuzworträtsel. Das Lösungswort schmeckt dir sicherlich auch.

1 damit kannst du einen Film ansehen – 2 Mutter und „?" sind Eltern – 3 feuerspeiender Berg – 4 Tuch zum Abwischen des Mundes
5 Tasten-Musikinstrument
6 das Gegenteil von wenig
7 anderes Wort für unruhig
8 der vorletzte Monat im Jahr
9 Musikinstrument mit vier Saiten
10 winziger, unsichtbarer Krankheitserreger

Lösungswort: ___ ___ ___ ___ ___ ___ ___ ___ ___

> Viele Wörter mit **V/v** beginnen mit den Wortbausteinen **ver-** oder **vor-**. Aber nicht das bekannte Wort **fertig**!

103 Verbinde die folgenden Wörter passend mit den Wortbausteinen **ver-** und **vor-**.

brennen, zeigen, singen, brauchen, packen, bieten, wärmen

verbrennen,

104 Forme die Verben mit Hilfe der beiden Wortbausteine **ver-** und **-ung** in **Nomen** um.

ver- geben – zweifeln – brennen – packen – urteilen – treiben – loben **-ung**

Vergebung,

105 Lies die Wörter laut, dann ordne sie richtig ein.

> Violine, Vogel, vielleicht, Lava, Vase, Vorfahrt,
> voll, Villa, nervös, vier, Video, vergessen

V/v wie **f** gesprochen	**V/v** wie **w** gesprochen
Vogel	Violine

Merkwörter mit dem ks-Laut (x/chs)

Du sprichst **ks**, aber du schreibst **x** oder **chs.**

106 Schreibe unter jedes Bild, was es darstellt. Vergleiche genau mit der Lösung, ob du richtig geschrieben hast.

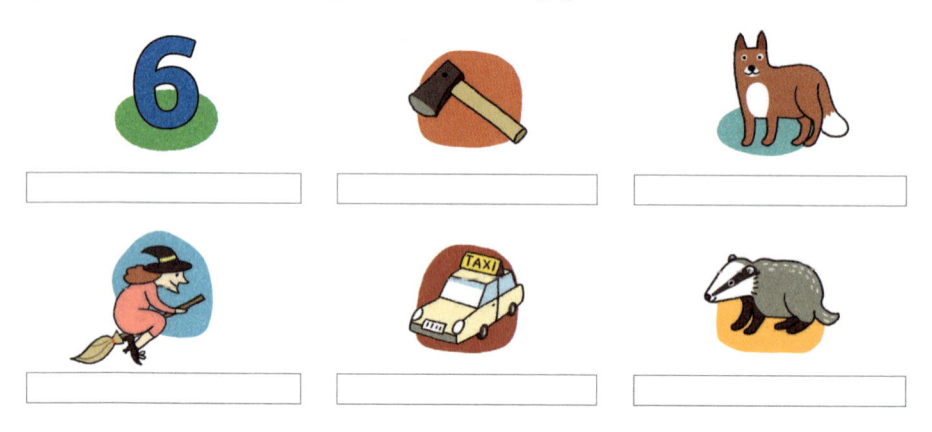

107 Jeweils **zwei** Wörter gehören zur selben Wortfamilie. Male die Kästchen einer Familie mit derselben Farbe aus.

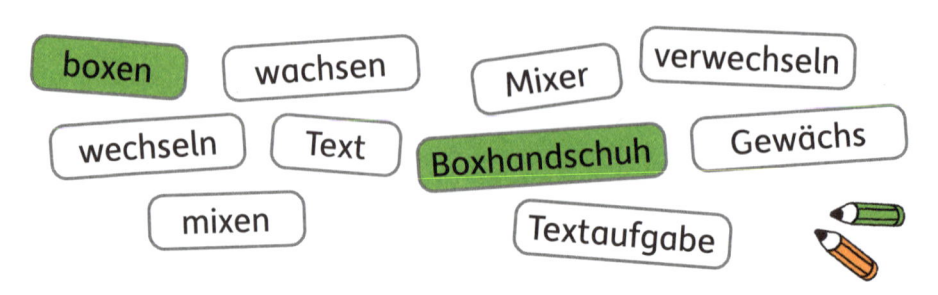

boxen   wachsen   Mixer   verwechseln
wechseln   Text   Boxhandschuh   Gewächs
mixen   Textaufgabe

▶ Schreibe jetzt die **fünf** Wortfamilien auf den Block.

Merkwörter mit ä

> Es gibt einige Wörter mit **ä**, die du nicht von einem verwandten Wort mit **a** ableiten kannst.

108 Finde heraus, welche dieser Wörter du von **verwandten** Wörtern mit **a** ableiten kannst. Markiere das ä rot, wo das nicht geht. Schreibe auch diese Wörter noch einmal auf die Zeile.

Bäcker	backen	Nässe	
Käse	Käse	spät	
Käfer		Rätsel	
Lärm		Käfig	
ängstlich		schräg	
Säge		mähen	
März		kräftig	
während		Bär	
Mädchen		Nähe	
Träne		Märchen	

Merkwörter mit langem i

> Bei einem lang gesprochenen **i** schreibst du meist **ie**. Einige Ausnahmen musst du dir merken: Bei ihnen hörst du ein langes **i**, schreibst aber nur **i**: **Masch**i**ne**, **B**i**ber**.

109 Setze die **Silben** zusammen und füge die Wörter in den Text ein. Sprich deutlich mit. Unterstreiche das lange **i** rot.

RI, KI, FA, GA, LID, LO, B̶I̶, KI, MI, NO, BEL, NE, LIE, MAR

Christen glauben an die [**Bi**   ].

Im [   ] läuft ein schöner Film.

Ein [   ] ist soviel wie 1000 Gramm.

Mit dem [   ] verschließen wir das Auge.

Eltern und Kinder bilden zusammen eine [   ].

Statt Butter kannst du auch [   ] auf dein Brot streichen.

110 Für diese Tiere gilt: Man spricht sie mit **langem i**, schreibt aber nur i. Schreibe die Namen auf. Unterstreiche das lange i rot.

111 Schreibe die Wörter mit ihrer Endung auf. Unterstreiche das **lang** gesprochene i rot.

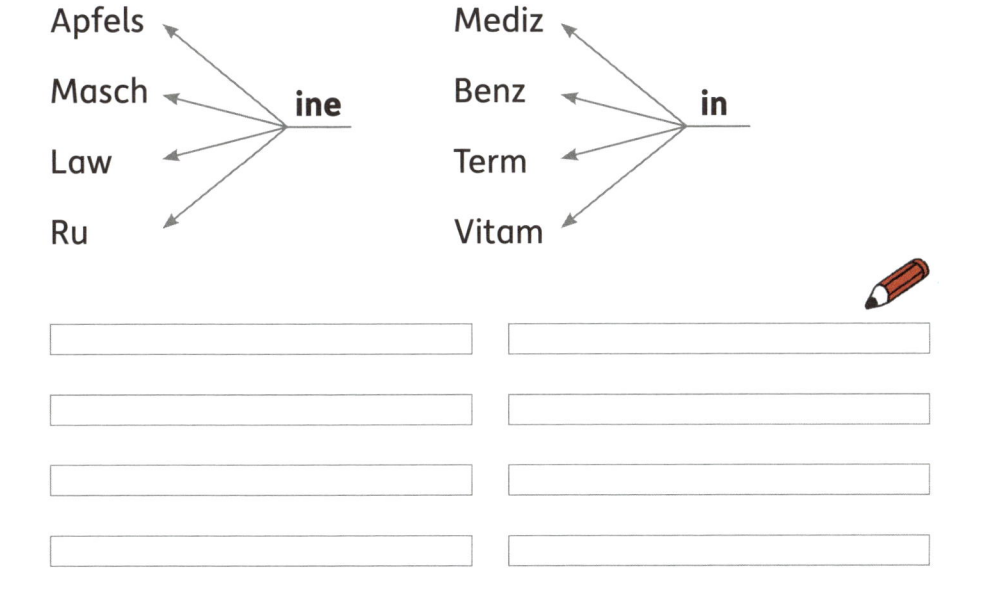

Apfels →   Mediz →
Masch → **ine**   Benz → **in**
Law →   Term →
Ru →   Vitam →

Merkwörter aus anderen Sprachen

112 Findest du die **Fremdwörter**? Sieh in der Wörterliste nach, wie du sie schreibst und trage sie ein. Im blauen Feld ergibt sich senkrecht ein neues Fremdwort.

1 würzige Tomatensoße, passt zu Pommes
2 Gebäude, in dem Schauspiele aufgeführt werden
3 Spaßmacher im Zirkus
4 lange, dünne Nudeln
5 Nomen zu *interessieren*
6 kleines Telefon, das man bei sich trägt
7 Gerät, das die Himmelsrichtung anzeigt
8 Bilde aus dem Verb *informieren* ein Nomen.

Lösungswort: ___ ___ ___ ___ ___ ___ ___ ___

▶ Sieh im Lösungsteil nach, dann schreibe die **9 Fremdwörter** noch einmal richtig auf deinen Block.

Ein verkehrssicheres Fahrrad

Fritz Schlaufuchs fährt gerne Rad. Er hat keine Angst, denn er kennt jede Verkehrsregel. Er findet es interessant, durch die Stadt zu flitzen, immer vorsichtig wie ein Taxifahrer. Ist sein Fahrrad verkehrssicher? Seine Bremsen arbeiten fehlerfrei. Bei Gefahr klingelt er fleißig, aber maßvoll. Und wie steht es mit der Beleuchtung? Leider fehlt der weiße Strahler vorne. Wenn er an der Kreuzung steht, sehen ihn die Autofahrer nicht. Doch der zusätzliche rote Rückstrahler ist vorhanden. Die Lichtmaschine arbeitet gut, wenn Fritz in die rutschfesten Pedale tritt.
So, und jetzt geht es los, das volle Programm. Oder stimmt etwas nicht? Zwei gelbe Strahler im Hinterrad, zwei im Vorderrad – oh weh, einer ist kaputt! Fritz hat ihn recycelt.
Den wird er ersetzen, schließlich ist es nie zu spät. Gute Fahrt!
(130 Wörter)

Fehler vermeiden

Wenn du Fehler vermeidest, musst du sie nicht verbessern!

113 Es folgen Worträtsel zu **Berufen**. Wenn du diese Rätsel aufmerksam liest, wirst du die Lösungen richtig schreiben.

Zu ihr geht man, wenn man krank ist.
Suche ein **verwandtes** Wort und leite dann die richtige Schreibweise ab.

Er befestigt Ziegel auf dem Dach.
Überlege, wie du den **Vokal** vor der Aufpass-Stelle sprichst. Kurz oder lang?

Er macht unser Brot.
Hier musst du sowohl ein **verwandtes** Wort suchen als auch auf die **Länge des Vokals** hören. Dann schreibst du richtig.

114 Tiere stellen sich vor. Du musst sie erraten und ihre Namen richtig schreiben. Alle Tiernamen sind **Merkwörter**. Also aufgepasst!

Ich bin der größte Vogel.
Trotz meines Namens habe ich mit Blumen nichts zu tun.

☐

Ich bin ein kleines Pferd, das im Wasser lebt.

☐

Ich bin eine große, gefährliche Katze
mit schwarzen Streifen.

☐

Und das bin ich. Kennst du mich?

☐

115 Hier sind alle Wörter mit großen Buchstaben geschrieben. Schreibe den Satz richtig auf. **Nomen** schreibst du groß. Denke an die **Artikelprobe**.

WARUM SIND HUNDE OFT BÖSE AUF BRIEFTRÄGER?

☐
☐

▶ Weißt du die **Antwort** auf die Frage?

Fehler verbessern

Fehler sind nicht so schlimm, wenn du weißt, wie du sie verbessern kannst.

Ein Wort, das du **falsch geschrieben** hast, schreibst du auf eine Karteikarte. Diese steckst du in das **rote Fach**. Wenn du deiner Meinung nach das Fehlerwort oft genug **geübt** hast, kommt die Karteikarte in das **grüne Fach**.

Diese Wörter lasse ich mir diktieren.

Diese Wörter muss ich noch üben.

Gestalte deine Kiste mit deinen Lieblingsmotiven!

Die Wörter im grünen Fach lässt du dir **diktieren**. Wenn du sie **3 Mal** richtig geschrieben hast, kannst du die jeweilige Karte aus dem Kästchen entfernen, weil du das Wort nun sicher schreiben kannst.

116 So gelingt deine Verbesserung: Du schreibst auf die Karteikarten zu den Wörtern **verwandte** Formen auf. Fülle jetzt die **rechten** Kärtchen aus.

Verbesserung von **Verben**:

lassen	**drücken**
ich lasse es	ich
sie lässt es	er
(= andere Person)	

Verbesserung von **Nomen**:

der Kamm	**der Hahn**
die Kämme	die
(= Mehrzahl)	

Verbesserung von **Adjektiven**:

brav	**ehrlich**
das brave Kind	der ⎵ Finder

Verbesserung von **kurzen** Wörtern:

ihm	**ihr**
sie dankt ihm	er winkt

Diktate

Hier findest du noch einige **Diktate zum Üben**. Sicherlich bist auch du bald ein Profi im Rechtschreiben. Viel Spaß!

Unterschiedliche Möglichkeiten, Diktate zu üben:

Knickdiktat:

Nimm dir ein liniertes Papier. Teile das Blatt mit einem Strich nun so auf, dass links ein Drittel und rechts zwei Drittel Platz sind. Lass nun einen Erwachsenen das Diktat auf die linke Seite schreiben. Immer ein bis drei Wörter auf jede Zeile. Präge dir nun immer eine Zeile des Diktats auf der linken Seite ein. Knicke dann das Blatt an der Linie nach hinten und schreibe die Wörter aus dem Gedächtnis auf. Kontrolliere dann die Zeile, indem du das Blatt wieder zurückknickst.

Kassettendiktat:

Diktiere dir doch einmal selbst ein Diktat, indem du den Text auf Kassette aufnimmst. Achte darauf, langsam und sehr genau zu sprechen. Merke dir bereits beim Vorlesen die Schreibweise der Wörter. Höre dir dann immer einen Satz oder Halbsatz von deiner Aufnahme an, drücke auf Pause und schreibe den Satz auf.

Weitere Übungsmöglichkeiten:

▶ Versuche schwierige Wörter **rückwärts** zu schreiben.

▶ **Buchstabiere** einem Erwachsenen schwierige Wörter. Das geht auch während einer langen Autofahrt oder eines Spaziergangs.

▶ Schreibe schwierige Wörter mit **verschiedenen Farben** mehrmals auf. Konzentriere dich dabei vor allem auf die Stellen, bei denen du besonders aufpassen musst.

Freunde zwischen Himmel und Erde

Schon in ältester Zeit haben die Menschen an Wesen geglaubt, die zwischen Gott und Mensch vermitteln. Auch die Bibel erzählt von solchen Boten Gottes, den Engeln: „Gott hat seinen Engeln befohlen, dich zu schützen, wohin du auch gehst. Sie werden dich auf Händen tragen, damit du nicht an einen Stein stößt." Christen glauben, dass jeder Mensch einen Schutzengel hat, der ihn von Geburt an begleitet. Engel kann man nicht sehen. Und doch malen Kinder sie mit langen, hellen Haaren. Wir stellen sie uns mit Flügeln vor, nur so können sie fliegen und schnell zur Stelle sein. Wenn du traurig bist und an sie denkst, geht es dir besser. (113 Wörter)

Warum quaken Frösche?

Am Tag ruhen sie und sonnen sich am Ufer des Teiches. Werden sie gestört, springen sie ins Wasser. Weil sie Häute zwischen den Zehen haben, können sie ausgezeichnet schwimmen. Erst in der Nacht, wenn alles schläft, werden sie munter. Und im Frühsommer hören wir sie, besonders die Männchen, je wärmer es ist, desto lauter. Quakt ein Frosch, so heißt das: „Hier wohne ich. Es komme mir keiner zu nahe." Vor allem bedeutet es auch: „Ich suche ein Weibchen." Und jede Froschart hat ihren eigenen, ganz bestimmten Ruf. (90 Wörter)

Ole sucht eine Freundin

Allein ist es langweilig. Bald sind Ferien, und Ole fährt mit dem Fahrrad zum Fluss und fängt Fische. Henne Klara ist immer dabei. Sie hängt an Ole, rennt hinter ihm her und manchmal fliegt sie sogar ein bisschen. Doch Ole will eine richtige Freundin. Eine, die Vanilleeis mit heißen Himbeeren mit ihm isst. Ole weiß viele Geschichten: von langbeinigen Tierchen, die auf dem Wasser laufen, von der Christrose, die an Weihnachten blüht. Leider vergisst Klara sofort, was er ihr erzählt. Ob eine echte Freundin mit ihm über den Fluss schwimmt? Ole will endlich eine Freundin. (99 Wörter)

Kreisspiel

Alle sitzen im Kreis. Einer stellt sich in die Mitte und sagt: „Äpfel, Birnen und Spinat,
Sauerkraut und Kopfsalat,
schau, wer an der Reihe ist,
sag mir jetzt, wie alt du bist."
Während die anderen dazu klatschen, deutet der Sprecher mit dem Finger der Reihe nach auf jeden. Das Kind, auf das beim letzten Wort gezeigt wird, muss sein Alter sagen. Von ihm aus wird nun diese Zahl abgezählt. Auf wen sie trifft, der kommt in die Mitte, und das Ganze fängt wieder von vorne an. (87 Wörter)

Im Sommer jagen, im Winter schlafen

Oft sitzen Teichfrösche auf Seerosenblättern und schnappen nach allem, was fliegt und was sich fressen lässt. Kommt ihnen ein Tierchen nahe genug, so schnellt ihre klebrige Zunge blitzschnell aus dem Maul, zieht die Beute rein und verschluckt sie unzerkaut. Frösche können nicht beißen. Sie haben nämlich keine Zähne. Im Winter graben sie sich auf dem Grund eines Teiches im Schlamm ein, um sich vor der Kälte zu schützen. Sie brauchen sehr wenig Sauerstoff, den sie über die Haut aus dem Wasser aufnehmen. (88 Wörter)

Der Tag gegen den Lärm

An diesem Tag sollte man zu einer bestimmten Uhrzeit fünfzehn Sekunden lang keinen Krach machen. Aber Flugzeuge, Autos und Straßenbahnen lassen sich nicht einfach anhalten. Lärm quält und ist gefährlich. War man lange in der Disco, kann es nachher eine Weile im Ohr piepsen. Manchmal bleibt das Geräusch für immer. Diese Krankheit heißt Tinnitus. Augen kann man schließen, Ohren nicht. Tiere in der Stadt sterben früher. Aber du kannst dich selbst schützen: Höre Musik ohne Kopfhörer. Trage Stöpsel, wo es laut ist. Stelle das Autoradio leise. Während du schläfst, muss es ruhig sein. Stille gibt es noch, zum Beispiel in Wäldern. (106 Wörter)

Was weißt du von den Indianern?

Unzählige Indianerstämme lebten einmal in Nordamerika. An den Küsten ernährten sie sich gesund von Fischen und bemalten in den Wintermonaten Holzpfähle mit leuchtenden Farben. Sie liebten fröhliche Feste. Oft verbrauchte eine Familie für Geschenke ihren letzten Besitz und wurde schließlich arm. In den unendlichen Graslandschaften Amerikas weideten wilde Pferde. Die Europäer hatten sie mitgebracht. Die Indianer zähmten und züchteten diese fremden Tiere. Nun jagten sie den Bison, dem sie alles für ihr tägliches Leben verdankten: Nahrung, Kleidung, sogar

Werkzeuge. Doch die weißen Männer vertrieben die meisten Indianer und nahmen ihnen ihre Herden. Wer noch lebte, verhungerte im eigenen Land.
(105 Wörter)

Erster Verlust

„Wäre ich Prinzessin!", denkt Johanna.
Sanft streichelt sie ihr Pferd Emma an Hals und Mähne. Emma schmiegt ihren Kopf an Johanna und bläst sanft aus den Nüstern. Als Prinzessin müsste sie sich nie von ihrem Pferd trennen. Es zerreißt ihr das Herz. Mit tiefer Stimme spricht sie leise mit ihrem Liebling und genießt den Geruch, der ihr entgegenströmt. Vater hat seine Arbeit verloren, das Geld fehlt an allen Ecken und Enden. Einer aus der Großstadt wird Emma kaufen, für seine Tochter natürlich. Schrecklich ist das, aber Tränen vergießen nützt nichts. Bald kommt der Abschied, die Zeit lässt sich nicht zurückdrehen.
„Ich reiße mich zusammen", denkt Johanna.
„Wer weiß, ob ich als Prinzessin so viele glückliche Stunden mit Emma verbracht hätte."
(123 Wörter)

Geistergeschichten

Willst du eine erfinden? Nachts im Bett, wenn du ängstlich unter die Bettdecke kriechst, weil es draußen stürmt? Was zu so einer Erzählung gehört: Ein Friedhof mit schiefen Grabsteinen, auf denen Moos wächst. Ein altes geheimnisvolles Haus voller Spinnennetze oder ein verlassenes Schloss, in dem es spukt. Ein Foto, auf dem plötzlich ein rätselhaftes Gesicht, ein Hund oder ein Schatten auftaucht, wo vorher nichts war. Geister lieben die Mitternacht bei Nebel oder Mondlicht. Sie machen gerne Geräusche wie Schritte. Manche winseln schmerzvoll, heulen oder rasseln wie mit Ketten. Viele Menschen fühlen sie nur und frieren, sie bekommen weiche Knie. Geister können durch Wände gehen, sie fliegen oder verwandeln sich. Oft sieht man nur einen Lichtschein, einen Lichtpunkt. Tiere gehören fast immer dazu: schwarze Katzen, klagende Uhus. Wann fängst du mit deiner Geschichte an?
(134 Wörter)

Du findest das Heft unter der Rubrik **Verlagsprogramm** beim Fach **Deutsch**.

Nun warst du aber fleißig! Schau doch auf unsere Homepage: **www.hauschkaverlag.de** Dort kannst du dir bei diesem Heft 253 einen **Abschlusstest** herunterladen, um dein Können zu testen. Ich bin mir sicher, dass du nach diesem Heft den Test gut meisterst!
Viel Erfolg!

Wörterliste

A
- der Abend
- abends
- ähnlich
- alle, alles
- allein
- anders, ändern
- die Angst
- ängstlich
- der Ärger
- ärgern
- der Arzt, die Ärztin
- aufräumen
- aufwecken
- außen, außer

B
- backen
- der Bäcker
- der Bagger
- die Bahn
- bald
- der Ball
- der Bär
- beginnen, er begann, er hat begonnen
- das Beispiel
- beißen, er beißt, er biss
- bekommen, er bekommt, er bekam
- beobachten, er beobachtet
- bequem
- der Beruf
- der Besen
- besser
- bestimmt
- das Bett
- bevor
- bezahlen, er bezahlt
- die Bibel
- biegen, er bog
- die Biene
- bisschen
- die Bitte
- bitten, er bittet, er bat, er hat gebeten
- blicken, der Blick
- der Blitz
- blitzen, es blitzt

der	Block
	bloß
	blühen, es blüht
die	Blüte
	bohren
das	Boot
der	Brand
	brav
	brennen, es brannte
der	Brief
die	Brille
die	Brücke

C

der	Christ
der	Clown

D

die	Decke
	deutlich
	deutsch
	Deutschland
	dick
	dies, diese, dieser
der	Draht, die Drähte
	draußen
der	Dreck

	dreckig
	drehen, er dreht sich
	drinnen
der	Druck
	drücken, es drückt
	dumm
die	Dummheit
	dünn
der	Durst
	durstig

E

die	Ecke
	eckig
	ehrlich
	einmal
das	Ende, zu Ende
	endlich
	entdecken
die	Ente
	entfernen
die	Entfernung
	entgegen
	erklären, du erklärst
die	Erklärung
	erlauben, du erlaubst, er erlaubt

die	Erlaubnis
	erleben, sie erlebt es
das	Erlebnis
	ernähren
	erzählen, du erzählst
die	Erzählung
der	Esel
	essen, er isst, er aß
	Europa

F

	fahren, er fährt
das	Fahrrad
die	Fahrt
	fallen, es fällt, ich fiel
	fangen, er fängt, er fing
der	Fehler
	fehlerfrei
die	Ferien
	fernsehen
der	Fernseher
	fertig
	fett
das	Fett
	feucht
die	Feuchtigkeit
das	Feuer

der	Fleiß
	fleißig
	fliegen, er fliegt, er flog
	fließen, es floss
der	Fluss, die Flüsse
	flüssig
die	Flüssigkeit
	fotografieren
	fremd
	fressen, er frisst, er fraß
	frieren, er friert, er fror
	fröhlich
die	Fröhlichkeit
das	Frühjahr
der	Frühling
der	Fuchs
der	Fuß, die Füße

G

	ganz
	geben, er gibt, er gab
die	Geburt
der	Geburtstag
die	Gefahr
	gefährlich
	geheim

das Geheimnis
gehen, er geht, er ging
der Geruch
geschehen, es geschieht
gewinnen, er gewann, er hat gewonnen
das Gewitter
gießen, er goss
giftig
glatt
das Glück
glücklich
groß
der Gruß
grüßen
gucken

H

das Haar
haben, er hat, er hatte
halten, du hältst, er hielt
das Handy
der Hang
hängen, er hing
hart, härter

der Haufen
häufig
das Haus, zu Hause
heißen, er heißt, er hieß
heizen
die Heizung
helfen, er hilft, er half
herein
heute
hier
hinein
die Hitze
hoffen, er hofft
hoffentlich
hohl
die Höhle
holen, er holt
hübsch
der Hunger
hungrig

I

ihm (ich half ihm)
ihn (ich sah ihn)
im (im Haus)
immer

impfen
die Impfung
in (in meiner Tasche)
die Information
interessant
das Interesse

J

die Jacke
das Jahr
jemand, jemanden
jetzt
jung

K

der Kaffee
der Käfig
der Kamm
kämmen
der Käse
kennen, er kennt mich, er kannte mich
der/das Ketchup
klar
klettern
das Knie
der Koffer

kommen, er kommt, er kam
der Kompass
können, er kann, er konnte
die Kraft
kräftig
kratzen
das Kreuz
die Kreuzung
kriechen, er kroch
der Krieg, die Kriege
kühl, kühlen
der Kuss
küssen

L

das Land, die Länder
lang, länger
der Lärm
lassen, er lässt, er ließ
laufen, er läuft, er lief
lecker
der Lehrer, die Lehrerin
lesen, er liest, er las
letzte, letzter
leuchten

lieben, du liebst mich
das Lied, die Lieder
liegen, du liegst, er lag
das Lineal, die Lineale
links
der Löffel, die Löffel

M

mähen, er mähte
man (lügt nicht)
männlich
das Mäppchen
die Marmelade
die Maschine
die Medizin
das Meer, die Meere
das Mehl
mehr
messen, er misst, er maß
das Messer, die Messer
der Metzger
der Mittag
die Mitte
mixen
der Mixer
der Monat, die Monate

das Moos, die Moose
der Morgen
morgen
der Müll
das Müsli
müssen, er musste
die Mütze

N

der Nagel, die Nägel
nah
die Nähe
nähen
die Nahrung
die Naht
nämlich
nass
die Nässe
die Natur
natürlich
nehmen, er nimmt, er nahm, er hat genommen
das Netz
neun, neunzehn, neunzig
nichts

	niemals
	niemand, niemanden
die	Nummer
	nummerieren
die	Nuss, die Nüsse
	nützen
	nützlich

O

das	Obst
	offen
	öffnen
die	Öffnung
	oft
	ohne
das	Ohr

P

	paar (einige)
das	Paar (zwei)
das	Päckchen
	packen, er packt
das	Paket
das	Papier
der	Pass, die Pässe
	passen, es passt
	petzen, er petzt

die	Pflanze
	pflegen, er pflegt
die	Pfütze
der	Pilz
	plötzlich
das	Programm
der	Pullover
die	Puppe
	putzen, er putzt

Q

	quaken, der Frosch quakt
die	Qual, die Qualen
	quälen, du quälst ihn
die	Quelle

R

das	Radio
	raten
das	Rätsel
der	Raum
	rechts
der	Regen
das	Reh, die Rehe
	reißen, es reißt, er riss
	rennen, er rennt, er rannte

richtig

riechen, du riechst, es roch

rollen, er rollt

der Roller

rufen, er ruft, er rief

die Ruhe

ruhig

rühren, er rührt sich

S

sammeln

die Sammlung

der Schall

schalten

der Schalter

scharf

die Schärfe

der Schatten

schattig

die Schere

schieben, er schob

schief

schimpfen

schlafen, er schlief

schlagen, er schlägt, er schlug

schließen, er schloss ab

schließlich

der Schlüssel, die Schlüssel

schmecken, es schmeckt

der Schmerz

der Schmutz

schmutzig

die Schnecke

der Schnee

der Schnuller

der Schreck

schrecklich

schütteln

der Schutz

schützen

schweigen, du schweigst, er schweigt, er schwieg

schwierig

die Schwierigkeit

schwimmen, er schwamm, er ist geschwommen

schwitzen

der See

sehen, er sieht, er sah

	sehr
	setzen, besetzt
	sitzen, er saß
die	Spaghetti (Spagetti)
der	Spaß, die Späße
	spazieren
der	Spiegel
	spiegeln
	spielen, er spielt
	spitz
die	Spitze
die	Stadt, die Städte
der	Stamm, die Stämme
	stark
	stärken
	stehen, er stand
das	Steuer
	steuern
der	Stiel
	stimmen
der	Stoff
der	Strand, die Strände
die	Straße
der	Strauß, die Sträuße
der	Streit
	streiten, er stritt

der	Strom
	strömen
das	Stück
der	Stuhl, die Stühle
	stumpf
der	Sturm, die Stürme
	stürmisch
	süß
die	Süßigkeit

T

die	Tanne
die	Tasse
	täuschen
das	Taxi, die Taxis
die	Technik
der	Teddy, die Teddys
der	Tee
	telefonieren
der	Teller
der	Teppich
der	Text
das	Theater
das	Thermometer
	tief
die	Tiefe
das	Tier

der Tiger
tragen, er trägt, er trug
die Träne
der Traum
träumen
treffen, er trifft,
er traf,
er hat getroffen
treu
die Treue
trocken
die Trockenheit

U

üben, er übt
überqueren
umkehren
ungefähr
der Unterricht
der Urlaub

V

die Vase
verboten, er verbot es
verbrauchen
verbrennen,
es verbrannte
die Verbrennung
vergessen, er vergisst,
er vergaß
verletzen
die Verletzung
verlieren, er verlor
verpacken
die Verpackung
verschmutzen
die Verschmutzung
viel
vielleicht
voll
vollständig
vorbei
die Vorfahrt
vorher
die Vorsicht
vorsichtig

W

die Waage
wachsen, er wuchs
die Wahl
wählen
während
der Wald, die Wälder
wann

wechseln
der Wecker
Weihnachten
weiß
die Welt
wenig
wenn
wichtig
wieder
wiegen, er wog
die Wiese
wild
wir
wissen, er weiß es, er wusste es
witzig
wollen, er will, er wollte

Z

die Zahl
zählen
der Zahn
der Zeh, die Zehen
zehn
zeichnen
die Zeitung

zerreißen, er zerriss
das Zeugnis
ziehen, er zieht, er zog
das Ziel
zielen
ziemlich
der Zoo
der Zucker
die Zukunft
zukünftig
zuletzt
die Zunge
zurück
zusammen
zwanzig
zweimal
die Zwiebel

Stichwortverzeichnis

Abc → Alphabet	
Ableiten	13-14, 65
Abschreibtraining	4-5
abstraktes Nomen	22-24
Adjektiv	2, 9, 11-13, 20, 27, 33-34, 73
ä	13-14, 65
äu	13-14
Alphabet	1-3, 6, 41, 45, 52
Anrede-Wörter	25
Artikel	10-21
Artikelprobe	19
Auslautverhärtung	10-12
Begleiter → Artikel	
betonte Vokale	37
Brief	25
Buchstabieren	75
chs	64
ck	47-48
Diktate	74-80
Der sprechende Esel	49
Der Tag gegen den Lärm	78
Ein verkehrssicheres Fahrrad	69
Erster Verlust	79
Freunde zwischen Himmel und Erde	75
Geistergeschichten	80
Höflichkeit macht Schule	36
Igel sind keine Haustiere	26
Im Sommer jagen, im Winter schlafen	77
Kreisspiel	77
Ole sucht eine Freundin	76
Warum quaken Frösche?	76
Warum wackelt der Milchzahn?	57
Was weißt du von den Indianern?	78
Wilde Bienen	17
doppelter Konsonant	40-43
Einzahl	10, 21, 48
Fehler	70-73
Fremdwörter	68
Gegenteil	2, 59
Großschreibung	18-25
Grundform	11-12
h, das man hört	8-9, 50
harter Konsonant	10-12
Hausdrache	24
ie	15-17
Infinitiv → Grundform	
Karteikarten	72-73
Kassettendiktat	74
Knickdiktat	74
Kreuzworträtsel	7, 61, 68
kurze Wörter	25, 73
Lückentext	46, 51, 52-53, 59
Mehrzahl	10, 12, 21, 45, 48, 50-51, 59
Merkwörter	14, 50-68
Merkwörter aus anderen Sprachen	68
Merkwörter mit Dehnungs-h	50-54
Merkwörter mit doppelten Vokalen	55-56
Merkwörter mit ks-Laut	64
Merkwörter mit langem i	66-67
Merkwörter mit V/v	61-63
Merkwörter mit ß	58-60
Merkwörter mit ä	65
Nachschlagen	1-3
Nachdenkwörter	6-49
Nachsilbe	29, 30, 33-35
Nachspuren	51, 58
Namenwort → Nomen	
Nomen	6, 8, 10, 12, 18-25, 27, 30, 33-35, 41-42, 48, 52, 54, 62, 73
Paar/paar	56
Purzelwörter	17, 56
Qu/qu	7
Reimwörter	15, 43, 46, 47, 51, 59
Rätsel	7, 48, 56, 60-61, 68, 70-71
Satzanfang	23-24
Selbstlaut → Vokal	
Silben	37, 39, 40, 43-44, 66
Silbenbögen	37, 40, 44
Sp/sp	6
St/st	6
stummes h	9, 50-54
Substantiv → Nomen	
Tunwort → Verb	
tz	44-46
Umlaute	13-14, 65
Verb	6, 11-13, 27, 31, 32, 41, 52, 54, 73
Vergangenheit	52, 60
Vokal	37, 38-39, 41-42, 51
Vorsilbe	29-30, 62
weicher Konsonant	10-12
Wiewort → Adjektiv	
Wortbausteine	29-35, 62
Wortfamilien	27-29, 44, 54, 60, 64
Wortgruppen	4-5
Wortpaare	42
Wortstamm	27-29
Wörtergitter	47
Wörterliste	81-91
x	64
zusammengesetzte Nomen	9, 55, 58